Petra Naumann-Kipper

3, 2, 1 – viele, wenig, keins

Zahlen, Mengen und Muster entdecken

Petra Naumann-Kipper

3, 2, 1 – viele, wenig, keins

Zahlen, Mengen und Muster entdecken

HERDER
FREIBURG · BASEL · WIEN

Meiner Tochter Jasmin,
die mich sowohl mit ihrer kindlichen Neugier
und Entdeckerfreude als auch mit ihrer Begeisterung
für „alles Mathematische" immer wieder fasziniert.

Gedruckt auf umweltfreundlichem,
chlorfrei gebleichtem Papier

Umschlaggestaltung: R · M · E Roland Eschlbeck/Rosemarie Kreuzer
Umschlagfoto: Hartmut W. Schmidt, Freiburg
Fotos im Innenteil: S. 106 Hartmut W. Schmidt,
alle übrigen Petra Naumann-Kipper
Illustrationen: Yo Rühmer, Frankfurt

www.herder.de
Gesamtherstellung: fgb · freiburger graphische betriebe 2006
www.fgb.de
ISBN 13: 978-3-451-29258-3
ISBN 10: 3-451-29258-0

Inhalt

1. Einleitung – Die Faszination der Mathematik

Mathematik im Elementarbereich? Das war in Deutschland bis vor nicht allzu langer Zeit kein Thema – unter anderem aufgrund pädagogischer Vorbehalte, da man aus entwicklungspsychologischer Perspektive befürchtete, mathematische Fragestellungen könnten Kinder unter 6 Jahren überfordern. Diese Vorbehalte wurden in gewisser Weise gestützt von eigenen Erfahrungen in der Schulzeit, wo viele den Mathematikunterricht erlebten als einen „skurrilen Musikunterricht, bei dem ein Lehrer die Schüler ohne Erklärung vor die Tasten eines Klaviers setzt, und von ihnen fordert, doch das Spielen zu lernen", wie es Prof. Rudolf Taschner von der TU Wien beschreibt. Abstrakt und weltfremd, teilweise sogar qualvoll – so lassen sich persönliche Schul-Erfahrungen mit der Mathematik häufig auf eine Kurzformel bringen.
Neuere Untersuchungen belegen, dass das mathematische Denken nicht erst im Schulalter beginnt. Und dass bereits Kindergartenkinder einen Sinn für den Zauber der Mathematik haben, zeigt sich in ihrem täglichen Spielverhalten: Da werden Bonbons geteilt, Freunde gezählt, Türme ge-

baut, im Kaufladen Waren bezahlt – jeden Tag benutzen Kinder beim Spielen Mathematik, ohne es zu realisieren. Wieso also nicht die spielerische Neugier von Kindern ausnutzen und sie behutsam mit Themen aus der Welt der Mathematik vertraut machen, sie dafür sensibilisieren?

Ausgehend von diesem Gedanken wurde der Bereich „Mathematik, Naturwissenschaft, (Informations-)Technik" im Jahr 2004 im Rahmen der Einführung von Bildungsplänen für den Elementarbereich von der Kultusministerkonferenz definiert: „Kinder in diesem Alter haben ein großes Interesse an naturwissenschaftlich darstellbaren Erscheinungen der belebten und unbelebten Natur und am Experimentieren und Beobachten. Deshalb sollten die kindliche Neugier und der natürliche Entdeckungsdrang der Kinder dazu genutzt werden, den entwicklungsgemäßen Umgang mit Zahlen, Mengen und geometrischen Formen, mathematische Vorläuferkenntnisse und -fähigkeiten zu erwerben . . ."[1]

Da der inhaltliche Rahmen zur Entwicklung der Bildungspläne weit gesteckt war, sind die Ausarbeitungen der einzelnen Bundesländer sehr unterschiedlich ausgefallen. Sie unterscheiden sich nicht nur durch die individuellen Titel (z. B. der Bayerische Bildungs- und Erziehungsplan, das Berliner Bildungsprogramm oder die Rheinland-Pfälzischen Empfehlungen), sondern vor allem auch in ihrem Umfang (von 10 bis 300 Seiten ist alles vertreten).[2] Auch Form, Aufbau und Inhalte variieren sehr stark – so fehlt zum Beispiel in Bremen, Thüringen und Nordrhein-Westfalen ein eigenes Kapitel „Mathematik" – und doch bleibt festzuhalten, dass die Mathematik und die Naturwissenschaften aus dem mächtigen Schatten der Sprach- und Sozialentwicklung hervorgetreten sind und ihnen im Rahmen der ganzheitlichen Bildung in Kindertagesstätten mehr Bedeutung zugemessen wird.

Und auf einen weiteren Punkt möchte ich verweisen: Trotz großer Unterschiede ist allen Bildungsplänen, die sich dem Bildungsziel Mathematik widmen, gemeinsam, dass es nicht um das Erlernen von Formeln oder Inhalten geht, sondern darum, die Offenheit zu bewahren, die Kinder für die Mathematik wie für alle kreativen Bereiche des Lebens haben, und im Laufe ihrer Schulkarriere nur allzu oft verlieren. Es geht um eine generelle Förderung der Wahrnehmung, der Merkfähigkeit, der Motorik, des gesamten Ausdrucksvermögens und vor allem der Sprache.

1.1 Ziele und Aufgaben mathematischer Förderung

Das grundlegende Ziel mathematischer Förderung im Elementarbereich ist eine Heranführung an mathematische Fragestellungen in kindgerechtem Kontext. Dabei sollen unter anderem folgende Erfahrungen vermittelt werden[3]:

- Erfahrungen im Umgang mit Gegenständen und Dingen des täglichen Lebens und deren Merkmalen – wie Form, Größe und Gewicht, die ein Kind begreifen und klassifizieren kann,
- Erfahrungen mit Zahlen in allen Größenordnungen – das Kind erwirbt Zahlvorstellungen, gelangt zum Zählen und erfährt die Grundzüge der mathematischen Grundoperationen Addition, Subtraktion, Multiplikation und Division,
- Erfahrungen im Messen und Vergleichen – bezogen auf Länge, Breite, Höhe, Gewicht, Entfernung, räumliche und zeitliche Maße sowie Umgang mit Mengen,
- Erfahrungen im Umgang mit Zeit – in Ablauf und Dauer, Gegenwart und Zukunft,
- Geometrische Erfahrungen – ein- und mehrdimensional, Erfahrungen mit den Gesetzen der Perspektive sowie den Umgang mit Flächen und Körpern, d. h. mit Kreis, Dreieck, Rechteck und Quadrat und gleichermaßen mit Kugel, Kegel, Zylinder, Pyramide, Quader und Würfel,
- Erfahrungen mit grafischen Darstellungen – im Umgang mit Netzplänen, Übersichtskarten, Diagrammen oder Tabellen,
- Fragen zur Verlässlichkeit mathematischer Erfahrungen und Orientierung durch Zahlen und Formen („Ist das immer so?", „Woher weiß man das?") leiten oft das Erkenntnisinteresse weiter zu philosophischen Fragen nach Herkunft und Entstehung naturwissenschaftlicher und anderer Phänomene.

Bei der Beschäftigung mit mathematischen Phänomenen soll ein Hauptaugenmerk auf die so genannten mathematischen Vorläuferfähigkeiten gelegt werden, um diese genauer zu erfassen und im Kindergarten und Anfangsunterricht der Schule weiter entwickeln zu können. Diese spezifischen Leistungen sind vergleichbar mit der phonologischen Bewusstheit beim Schriftspracherwerb und sie sind nachweislich vorhersagekräftig für den späteren Schulerfolg (mehr zu diesem Thema im Kapitel 2.7). Diese Vorläuferfähigkeiten beziehen sich auf folgende Bereiche:

- Mengenvorwissen (mit Aufgaben zur Seriation und zum Mengenvergleich),
- Zahlenwissen (z. B. Kenntnis der Zahlbilder bis 10 und Zuordnen von Zahlbildern zu akustisch vorgegebenen Zahlen im Zahlenraum bis 20),
- Zählfertigkeiten (vorwärts und rückwärts zählen, Vorgänger/Nachfolger bestimmen) und
- Rechenfertigkeit (im Umgang mit konkretem Material).

1.2 Kleiner Exkurs für alle, die Angst vor der Mathematik haben

Viele Forderungen und Ziele, die in den Bildungsplänen im Hinblick auf die mathematische Förderung formuliert werden, eröffnen kein „Neuland“ für pädagogische Fachkräfte – Zählen und erzählen, sortieren und ordnen, zuordnen, teilen, wiegen und messen . . . – all das war schon immer spielerischer Bestandteil der Arbeit im Kindergarten. Doch die Aufgabe der Förderung und Initiierung mathematischer Lernprozesse, deren Beobachtung und Dokumentation, stößt vermutlich nicht bei allen pädagogischen Fachkräften auf ungeteiltes und vor allem angstfreies Interesse. Viele bringen aus ihrer Schulzeit eine tiefsitzende Aversion gegen *die* Mathematik mit, für sie war Mathematik niemals „Zauber“, sondern bedeutete immer nur „Stress“. Wer selbst Angst vor der Mathematik hat, der wird nicht in der Lage sein, Kinder bei ihren elementarpädagogischen Entdeckungen zu begleiten.

Welche Eigenschaften würden Sie dem Fach „Mathematik“ zuschreiben?

❑ interessant	❑ abstrakt
❑ notwenig	❑ theoretisch
❑ faszinierend	❑ sozial isolierend
❑ praktisch	❑ unpraktisch
❑ kreativ	❑ unkreativ

Wenn Sie mehr Kästchen auf der rechten Seite angekreuzt haben, sollten Sie unbedingt weiterlesen, wenn Sie mehr Kästchen auf der linken Seite angekreuzt haben, können Sie diesen kleinen Exkurs überspringen und auf der Seite 14 weiterlesen.

Die Mathematik hat ein großes Imageproblem. Und auch die Mathematiker selbst bekommen oft zu hören, dass sie sich mit „unnützen, praxisfernen“ Dingen beschäftigen. So bemerkte Georg Christoph Lichtenberg, ein Physiker und Zeitgenosse Goethes, in seinen berühmten Sudelbüchern: „. . . unter den Mathematikern finden sich die größten Plunderköpfe . . ., untauglich zu irgendeinem Geschäft, das Nachdenken erfordert“.
Und dennoch kommen wir alle an der Mathematik nicht vorbei. Praktisch jeder hat mit der Mathematik von der Schulbank aus Bekanntschaft gemacht.
Daher scheint die Frage: „Wie viel Mathematik braucht der Mensch und wozu eigentlich?“ durchaus Sinn zu machen.
Betrachten wir zur Illustration ein einfaches Beispiel: Sie wollen in Ihrem rechteckigen Wohnzimmer einen neuen Teppichboden verlegen. Ihr Wohnzimmer ist fünf Meter lang und vier Meter breit. Nun wollen Sie wissen, wie viel Quadratmeter Teppich Sie brauchen werden. Die Antwort ist klar: Vier mal Fünf gleich zwanzig, und schon wissen Sie, dass Sie zwanzig Quadratmeter Teppichboden bestellen müssen!
Ohne es zu wollen, haben Sie ein Problem des Alltags in die Welt der Mathematik übersetzt, um es lösen zu können. Im vorliegenden Fall muss man dazu nicht viel wissen: Etwas Geometrie und einfaches Rechnen reichen aus.

Betrachten Sie nun aber folgendes Beispiel:

aus: www.feez-gada.de/fun/fun-mathewitze.htm

An dieser Stelle wissen Sie nicht nur, woher das Wort „Finanzhai" stammt, sondern müssen auch wissen, dass 50 % von Nichts (wie vom Arbeitnehmer gefordert) immer noch Nichts ist! Sicher stellen Sie nun fest, dass das Wissen um die Gesetzmäßigkeiten der Mathematik auch im Alltagsleben nützlich sein kann.

Dass das Hauptanliegen der Mathematik das Erkennen der „weltlichen Probleme" bedeutet, liegt bereits im Ursprung des Wortes: „Mathematik" stammt vom griechischen „mathematike" ab, dessen zu Grunde liegendes Adjektiv „mathethos" (= lernbar) von „mathema" (= das Lernen, die Erkenntnis) abgeleitet wird. Mathematik ist also die „Lernkunst", sie beschäftigt sich mit den Mustern und Strukturen unserer Lebenswelt. Es besteht im Übrigen eine enge sprachliche Verwandtschaft zum deutschen Wort „munter"![4]

Überall werden Sie mit mathematischen Problemen konfrontiert, die Sie meist wie „nebenher“ lösen, beim Backen (ein „Verwiegen“ schmeckt im wahrsten Sinne des Wortes nicht besonders), Einkaufen, Auto fahren (wer rechnet den Benzinverbrauch seines Autos bei den momentanen Spritpreisen nicht gerne aus?) . . . Wir brauchen also Mathematik, um in unserer mathematischen Welt zurechtzukommen. Mathematik ist aber nicht identisch mit Arithmetik oder Rechnen. Über diese Fertigkeiten hinaus kann die Beschäftigung mit mathematischen Problemstellungen der Erweiterung unserer Alltagskompetenzen dienen.

So können die kognitiven Fähigkeiten, die man bei der Beschäftigung mit der Mathematik erwirbt, im Alltagsleben erfolgreich eingesetzt werden:

- Wer durch die Mathematik lernt, sowohl umgangssprachlich als auch in einer leistungsfähigen Symbolsprache zu argumentieren,
- wer lernt, Lücken und Fehler in Argumentationen zu entdecken und zu beheben,
- wer lernt, einen komplexen Zusammenhang verständlich zu beschreiben und übersichtlich zu veranschaulichen,
- wer lernt, für eine allgemeine Situation ein treffendes Beispiel auszuwählen,
- wer lernt, aus einem einzigen Beispiel nicht leichtfertig eine allgemeine Theorie herzuleiten –,

der kann diese Fähigkeiten auch außerhalb der Mathematik erfolgreich nutzen.

Deutlich wird dies in vielen anderen Disziplinen, denen man ihre Verwandtschaft mit der Mathematik nicht beim ersten Betrachten ansieht: Ob in der Musik, in Kunst, Architektur und Literatur – häufig ist die Mathematik Grundlage des künstlerischen Schaffens: Zahlenfolgen wie die Fibonacci-Zahlen, Symmetrien und der Goldene Schnitt tauchen in allen genannten Disziplinen auf. Und die berühmte Fibbonacci-Zahlenfolge „0 + 1 = 1; 1 + 1 = 2; 1 + 2 = 3“, wonach (ab der 3) jede neue Zahl durch die Addition ihrer Vorgänger entsteht, findet sich erstaunlicherweise sehr oft in der Natur.[5] Mathematischen Gesetzten folgt aber auch die Oberflächenstruktur einer Seifenblase – das kann man im ersten mathematischen Mit-

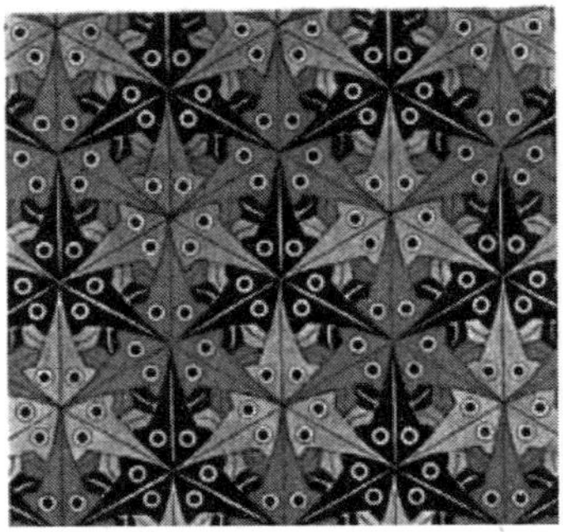
Die faszinierenden Kunstwerke des niederländischen Grafikers Maurits Escher basieren auf mathematischen Ordnungsprinzipien.

mach-Museum der Welt erforschen[6] – hier können Erwachsene und Kinder beim Puzzlespielen oder Brücken bauen gemeinsam mathematische Probleme lösen ... hier können sich erwachsene Mathemuffel von der Freude der Kinder anstecken lassen – und etwas Ähnliches könnte auch im Alltag von Kindertagesstätten passieren: wenn Erzieherinnen ihre Rolle als Lehrende *und* Lernende verstehen, um „in wechselseitiger Partnerschaft mit dem Kind die Welt der Mathematik (zu) entdecken"[7].

1.3 Was dieses Buch bietet

„Die Erwachsenen müssten (...) dieselbe Bewunderung, mit der sie die Sprachentwicklung von Kindern gewöhnlich begleiten, auch für die Entwicklung des mathematischen Denkens aufbringen ..."[9] – das forderte der englische Mathematiker Augustus de Morgan (1806–1871) bereits im 19. Jahrhundert. Allerdings lässt sich die unbestritten faszinierende kindliche Sprachentwicklung leichter auf den Punkt bringen – „Das Kind erlebt im zweiten Lebensjahr normalerweise eine regelrechte *Wortexplosion* ..."[10] – die Entwicklung des mathematischen Denkens von Kindern ist mindestens ebenso faszinierend und komplex, doch es fehlt das Vokabular und häufig auch das Wissen, um Fortschritte zu erkennen – von einer gezielten Förderung ganz abgesehen.
Während das erste Wort von den Bezugspersonen des Kindes jubelnd begrüßt wird, findet die erste richtig zugeordnete Menge meist wenig oder keine Beachtung. Wenn kindliche Kompetenzen im Bereich der Mathematik zur Sprache kommen, dann im Zusammenhang mit Presseberichten über „rechnende Babys" oder 4-jährige Mathegenies. Wie es um die mathematischen Kompetenzen eines Kindes bestellt ist, das gerät häufig erst beim Übergang vom Kindergarten in die Grundschule in den Blick – und dann sehr häufig aus defizitorientierter Perspektive.

Mit diesem Buch möchte ich Erzieherinnen ermutigen, das Interesse von Kindern an Zahlen und Mengen zu fördern. Ich möchte Anregungen geben, wie pädagogische Fachkräfte Impulse geben können, um insbesondere auch Kindern aus bildungsfernen Elternhäusern mathematische Erfahrungsräume zu öffnen und allen Kindern den Zugang zur spannenden Welt der Mathematik offen zu halten. Und ich möchte die Bewunderung wecken, für das vielfältige Können der Kinder. Sie finden in diesem Buch:

- Ausführliche Informationen über die kindliche Entwicklung des Zahlbegriffs, der Zählkompetenz und des Zählens – aus der Perspektive der Entwicklungspsychologie, der Säuglingsforschung und der Neurobiologie. Was können Kinder, wenn sie in den Kindergarten kommen? Und was können, wollen und sollen sie in dieser Phase lernen? (Kapitel 2.1–2.6)
- Was ist im Hinblick auf die Gestaltung des Übergangs vom Kindergarten in die Grundschule in Bezug auf die mathematischen Kompetenzen der Kinder zu beachten? (Kapitel 2.7)
- Welche mathematischen Kompetenzen haben Schulanfänger? (Kapitel 2.8)
- Woran erkennt man eine Rechenschwäche und wann spricht man von einer mathematischen Hochbegabung? (Kapitel 2.9)
- Herzstück dieses Buches sind die Vorschläge für mathematische Lerngelegenheiten im Elementarbereich. Hier finden Sie eine Vielzahl von Ideen und Aktionen, mit denen sie spielerisch Lernprozesse anregen können. Teilweise sind diesen Angeboten Kopiervorlagen zugeordnet, die Sie auf DIN-A4-Format vergrößern können (141 %), um so gezielt die mathematischen Vorläuferfähigkeiten zu fördern (Kapitel 3.1 bis 3.3).
- Zum Abschluss dieses Kapitels (3.4) habe ich einen Beobachtungsbogen zusammengestellt, mit dem pädagogische Fachkräfte mathematische Vorläuferfähigkeiten im Elementarbereich erfassen können.
- Im Kapitel 4 stelle ich Ihnen weitere erprobte Tests und Trainingsprogramme vor, die in der pädagogischen Praxis zum Einsatz kommen können.
- Im Anhang finden Sie einen Überblick über alle Ideen und Aktionen sowie ein Sachregister, das Ihnen die gezielte Suche erleichtern soll.

Anmerkungen

1 Gemeinsamer Rahmenplan der Länder für die frühe Bildung in Kindertageseinrichtungen, S. 4.

2 Die Bildungspläne der einzelnen Bundesländer können über den Deutschen Bildungsserver abgerufen werden: www.bildungsserver.de/zeigen.html?seite=2027.

3 Die folgenden Vorschläge orientieren sich an den Ausführungen zur mathematischen Bildung im Saarländischen Bildungsprogramm: Der Minister für Bildung, Kultur und Wissenschaft: Bildungsprogramm für saarländische Kindergärten. Handreichungen für die Praxis. Entwurf August 2004. Vorgelegt von: Internationale Akademie, INA gemeinnützige Gesellschaft für innovative Pädagogik, Psychologie und Ökonomie mbH an der Freien Universität Berlin. Saarbrücken: Selbstverlag 2004.
Praktische Anregungen für das gesamte Buch verdanke ich vielen Helfern in saarländischen Kindergärten, insbesondere dem katholischen Kindergarten in Eppelborn-Wiesbach und dem Kindergarten St. Wendelin in St. Wendel, wo auch die meisten Fotos in diesem Buch entstanden sind.
Außerdem gilt mein Dank Frau Sandra Behrendt von der „Beratungsstelle Hochbegabung Saarland" und allen Kollegen und Kolleginnen in dem vom Kultusministerium des Saarlandes geförderten Projekt „K3-Initiative für mehr Bildung im Kindergarten" für die wertvollen Anregungen aus vielen Gesprächen.

4 Kluge, Etymologisches Wörterbuch der deutschen Sprache, S. 545.

5 Ian Stewart: Die Zahlen der Natur. Mathematik als Fenster zur Welt, Heidelberg / Berlin 2001. Neben Ian Stewart haben es sich in den letzten Jahren auch andere Autoren zur Aufgabe gemacht, unterhaltsame, verständliche, informative und auch Mathemuffel begeisternde Streifzüge durch die Welt der Mathematik zu unternehmen. Eine kleine Auswahl: Keith Devlin, Das Mathe-Gen oder wie sich das mathematische Denken entwickelt, München 2003; Albrecht Beutelsbacher: „In Mathe war ich immer schlecht ..." Berichte und Bilder von Mathematik und Mathematikern, Problemen und Witzen ..., Braunschweig/Wiesbaden 2001[3]; Hans Magnus Enzensberger: Der Zahlenteufel, München/Wien 1999 (Enzensbergers preisgekröntes Werk ist eigentlich für Kinder gedacht, aber es ist, wie im Untertitel angekündigt, lesenswert „für alle, die Angst vor der Mathematik haben".).

6 Mehr Infos zum ersten mathematischen Mitmachmuseum in Gießen unter: www.mathematicum.de

7 Hessischer Bildungsplan, Bildungsbereich Mathematik (Stand August 2005), S. 79.

8 Augustus de Morgan, zit. nach: Wittmann, Erich Christian; Müller, Gerhard N.: Das Zahlenbuch. 1. Schuljahr. Lehrerhandbuch, Leipzig 1994, S. 25.

9 Haug-Schnabel, Gabriele; Bensel, Joachim: Grundlagen der Entwicklungspsychologie, Freiburg 2005, S. 70.

2. Wie erobern Kinder die Welt der Zahlen?

Bevor man sich mit der Frage beschäftigen kann, wie Kinder rechnen lernen, ist es notwendig, sich zuerst mit der Definition des Lernens zu beschäftigen. Es gibt viele unterschiedliche Definitionen, doch allen gemeinsam ist die Tatsache, dass Lernen als eine dauerhafte Änderung des Verhaltens gesehen wird, die durch Übung und Erfahrung erfolgt. Demgegenüber ist der Begriff der Reifung abzugrenzen, die eine gen-gesteuerte Entfaltung biologischer Strukturen und Funktionen beinhaltet und bei allen Menschen ohne Zutun von außen einsetzt (z. B. der einsetzende Stimmbruch zu Beginn der Pubertät bei einem Jungen: Dabei handelt es sich nicht um eine Veränderung, die durch einen Lernprozess hervorgerufen wurde, sondern beruht auf einem Reifeprozess, den der Junge erfuhr). Das eigentliche Lernen beginnt bereits lange vor der Geburt – im Mutterleib reagiert das Kind auf Reize, nimmt sie auf und verarbeitet sie. So kann ein Kind z. B. bereits ab der 20. Lebenswoche hören und ab der 28. Woche auf akustische Reize reagieren.
Wie lernen Kinder aber nun rechnen?
Die folgenden Einblicke in die Geschichte der Zahl, die Entwicklung des Zahlbegriffs und die Entwicklung der Zählkompetenz beim Kind sind dazu geeignet, das eigene Problembewusstsein zu wecken und die Wahrnehmung im Hinblick auf die uns anvertrauten Kinder zu schärfen.

2.1 Das Wesen der Zahl

Die Frage, was eine Zahl sei und ob die Zahlen eine nur vom Menschen erschaffene künstlich Existenz fristen oder von der Natur vorgegeben wurden, beschäftigt seit Jahrtausenden Mathematiker und Philosophen.
Unser mathematisches Wissen ist allerdings meistens Handlungswissen, praktisches „gewusst, wie". Wir benutzen täglich Zahlen, ohne zu versuchen, sie zu definieren – zumal Zahlbegriffe sehr abstrakt sind.

Sieben Uhr, der Wecker klingelt, noch 5 Minuten liegen bleiben . . . Raus aus dem Bett, kurz auf die Waage, 3 Kilo zu viel! Jetzt aber schnell die Siebensachen packen, kurz noch ein halbes Brötchen zur Stärkung und dann los. Es soll kalt werden heute, nur knapp über Null Grad – die dicke 3-Schicht-Jacke mitnehmen. Und jetzt ein 100-Meter-Kurzspurt zur S2, das wird knapp . . . als Letzte, kurz bevor sich die Türen schließen, in die Tram gehechtet . . . geschafft – dabei ist heute doch Freitag der 13!

Sicher hatten Sie kein Problem beim Verständnis dieser Sätze, aber war Ihnen auch die Tatsache bewusst, wie viele Aspekte von Zahlen Sie verwendet haben, um die Sätze korrekt zu formulieren?

Um den Zahlbegriff in seiner Ganzheit zu erfassen, müssen zunächst alle Aspekte der Zahl definiert und näher untersucht werden:

Aspekt der Zahl	*Erklärung*	**Beispiel**
kardinaler Aspekt	Der kardinale Aspekt der Zahl gibt die Mächtigkeit der Mengen, d. h. die Anzahl ihrer Elemente an.	Ich kaufe 5 Äpfel. Dort liegen 7 Steine.
ordinaler Aspekt	Der ordinale Aspekt der Zahlen gliedert sich in den *Zählzahlaspekt* als Folge der natürlichen Zahlen, die beim Zählen durchlaufen werden (z. B. „Ich bin gerade auf Seite 9."), und den *Ordnungszahlaspekt*, als Rangliste in einer geordneten Menge (z. B. „Katrin belegt den 5. Platz bei der Meisterschaft"), wobei unter dem Zählaspekt das so genannte elaborierte Zählen zu verstehen ist. Das elaborierte Zählen muss vom verbalen Zählen unterschieden werden, welches ein rein mechanisches Zahlengedächtnis erfordert. Das elaborierte Zählen dient der Anzahlermittlung und stellt einen komplexen Vorgang dar, der durch 5 Prinzipien charakterisiert wird, die später (siehe S. 32 f.) genauer erläutert werden.	Das Haus hat die Nummer 10. Ich lese im Buch auf Seite 9. -------- Jasmin liegt beim Weitsprung an erster Stelle. Die fünfte Perle der Kette ist blau.
Maßzahlaspekt	Beim Maßzahlaspekt werden die natürlichen Zahlen als Maßzahlen für Größen benutzt	Lucas springt 5 Meter weit. Das Bonbon kostet 5 Cent. Ein Fußballspiel dauert 90 Minuten.

Aspekt der Zahl	*Erklärung*	**Beispiel**
Operatoraspekt	Der Operatoraspekt drückt die Vielfachheit eines Vorgangs aus. Verbal entsprechen ihm die Adverbien „einmal, zweimal, . . ." (z. B. dreimal hüpfen).	Schreib diese Seite fünfmal ab. Kerstin war diese Woche drei Mal im Schwimmbad.
Rechenaspekt	Der Rechenaspekt beschreibt die natürlichen Zahlen als Ziffern, mit denen schriftlich gerechnet werden kann.	5 + 4 = 9 5 + 3 = 3 + 5 728 -365
Codierungsaspekt	Vom Codierungsaspekt der Zahl spricht man, wenn Zahlen zum Kennzeichnen benutzt werden.	Tel.: 44558 66131 Saarbrücken
Geometrischer Aspekt	Zahlen begegnen uns in geometrischen Zusammenhängen	Fünfeck, Dreieck, . . .
Narrativer Aspekt	Zahlen besitzen eine emotionale oder symbolische Bedeutung, z. B. in Erzählungen, Märchen, Liedern, in Kulturen und Religionen.	Glückszahl 7, Unglückszahl 13

Bei dieser Komplexität des Zahlbegriffs ist anzunehmen, dass Kinder die verschiedenen Zahlaspekte einzeln erwerben.
Wie sich beim Menschen, insbesondere beim Kind, der Zahlbegriff aber nun entwickelt, ob bereits Babys rechnen können, wo sich das Rechnen in unserem Gehirn abspielt und welche Probleme dabei entstehen können, soll im Folgenden eingehender betrachtet werden.

2.2 Piagets Theorie der Entwicklung des Zahlbegriffes

Pädagogische und didaktische Neuerungen auf dem Gebiet der Mathematik wurden insbesondere durch die seinerzeit bahnbrechenden Forschungsergebnisse des Schweizer Psychologen Jean Piaget (1896–1980) auf den Weg gebracht. Seine Untersuchungen zeigten, dass es nicht nur auf den Lernstoff ankommt, sondern dass das Lernumfeld und vor allem der Zeitpunkt, wann etwas gelernt werden kann, von Bedeutung sind. Er rückte erstmals das Kind als Konstrukteur seines Wissens ins Zentrum des Interesses.

Die wichtigsten Ergebnisse seiner Forschungen in Kürze:
- Das Denken entwickelt sich stufenweise.
- Die Reihenfolge der einzelnen Stufen/Stadien bleibt immer gleich, wie lange ein Kind jedoch für eine Stufe braucht, ist sehr unterschiedlich.
- Dem erworbenen Wissen wird auf der nächsten Stufe nicht nur etwas hinzugefügt, sondern das neue Wissen wird auf der nächsten Stufe auch neu geordnet.

Die Entwicklung des Zahlbegriffes beim Kind ist nach Piaget eine Facette seiner gesamten kognitiven Entwicklung – daher werde ich im Folgenden diese Entwicklungsschritte unter besonderer Berücksichtigung der mathematischen Kompetenzen kurz skizzieren. Allerdings – und darauf möchte ich bereits an dieser Stelle verweisen – ist die von Piaget aufgestellte Alterszuordnung der Entwicklung numerischer Fähigkeiten, die sich seiner eher pessimistischen Perspektive auf das Können von Kindern verdankt, durch neuere Untersuchungen widerlegt worden (mehr dazu S. 26 ff.). Piagets „Stufentheorie" und seine These, dass ein Kind unter 6 Jahren nicht in der Lage sei, zu rechnen, hat die Lernlandschaft in Kindergarten und Vorschule nachhaltig geprägt. Aber auch wenn die von Piaget aufgestellte Zeitskala – das Wann des Wissenserwerbs – an Gültigkeit verloren hat, behalten seine Erkenntnisse, *wie* Wissen konstruktiv erworben wird, ihre Gültigkeit. Es erscheint mir daher sinnvoll, seine Befunde ausführlich darzustellen.

Piagets Stadien der kognitiven Entwicklung

Sensumotorisches Stadium (0–2 Jahre):

Nach der Geburt beherrscht das Kind lediglich die einfachen Reflexe (Saugreflex, Schluckreflex,. . .), aus denen sich gesteuerte Aktionen erst entwickeln.

In dieser Stufe fangen Kinder auch an zu begreifen, dass ein Gegenstand selbst dann noch weiter existieren kann, wenn man ihn nicht mehr sieht: Die Anfänge der so genannten *„Objektpermanenz"* zeigen sich. Ab dem sechsten Lebensmonat etwa beginnen Kinder, aktiv nach einem versteckten Gegenstand zu suchen. Dies bedeutet, laut Piaget, dass die Kinder ab diesem Zeitpunkt über eine innere Repräsentation des Gegenstandes verfügen müssen.

Erst im Alter von etwa acht bis zwölf Monaten beginnt das Kind damit, sich zielgerichtet zu verhalten. Dann ist es z. B. erst in der Lage, einen Gegenstand wegzuschieben, um nach einem anderen Gegenstand zu greifen.

Prä-operationales Stadium (2–6 Jahre):
In diesem Stadium rückt die Ausbildung geistiger Aktivitäten immer weiter in den Vordergrund. Allerdings ist das Kind noch nicht in der Lage, sich in andere Personen hineinzuversetzen – es sieht immer noch sich als Zentrum und Mittelpunkt des Interesses (*egozentrisches Denken*).
Im Bereich der physikalischen Mengenbegriffe wird diese Zentrierung besonders deutlich – das Umschütten einer Flüssigkeit von einem Gefäß in ein anderes, z. B. von einem niedrigen in ein höheres Gefäß, bedeutet für das kleine Kind eine Veränderung der Menge (Versuche zur *Mengeninvarianz*). Es kann noch nicht die Dimensionen Umfang und Höhe gleichzeitig betrachten, und muss daher zum Ergebnis kommen, dass sich die Menge beim Umschütten verändert haben muss, da „die Flüssigkeit in dem neuen Glas ja nun an einer anderen Stelle steht".
Eine ähnlich Problematik ergibt sich im Hinblick auf die Dimensionen Alter und Zeit: Nicht wenige Vorschulkinder sind der Meinung, dass sie ihren älteren Bruder auch im Alter überholen können.
Zentrierungen finden sich aber auch in moralischen Urteilen wieder: Wenn Hans seiner Mutter beim Abwaschen hilft und dabei zehn Tassen unglücklicherweise zu Bruch gehen, Klaus aber keine Lust zum Spülen hat, eine Tasse ärgerlich auf den Boden wirft und zerbricht, antworten Kinder bis zum fünften Lebensjahr auf die Frage, wer größeres Unrecht getan hat – Hans! Denn dieser hat schließlich zehn Tassen zerstört und damit den für Kinder größeren Schaden angerichtet.

Konkret-operationales Stadium (5–10 Jahre):
In diesem Stadium können Kinder zunehmend häufiger verschiedene Aspekte gleichzeitig erfassen, Piaget spricht von der *Dezentrierung* des Denkens. Immer häufiger sind sie in der Lage, Irrtümer und falsches Verhalten einzusehen und in Gedanken alles rückwärts zu betrachten (*Reversibilität*). Für die Entwicklung mathematischer Kompetenzen bedeutet dies zum Beispiel: Das Kind kann eine Operation (z. B. Addition) durchführen

und mittels Gegenoperation (Umkehraufgabe, Subtraktion) rückwärts nachvollziehen.
So sollte auch im Hinblick auf die *Mengeninvarianz* (siehe Beispiel oben) am Ende des Stadiums der konkreten Operationen die Einsicht vorhanden sein, dass in beiden Gläsern gleich viel Wasser enthalten ist.
Auf dieser Stufe erwerben Kinder auch das Verständnis der *Klassenhierarchie*, der *Reihenbildung* nach einer Dimension und des *Zahlbegriffes*.
Klassifikation bedeutet die Fähigkeit, eine Gruppe von Objekten entsprechend ihres Aussehens, ihrer Größe oder eines anderen Merkmals zu benennen oder zu identifizieren. Dies schließt die Idee ein, dass eine Klasse eine andere Klasse beinhalten kann.
Kinder ordnen die Welt zunächst nach *Basiskategorien*. Basiskategorien werden zur Vereinfachung der Welt gebildet, indem Elemente, die sich gleichen, einer bestimmten Kategorie zugeordnet werden.
Das Problem der *Klasseninklusion* wurde untersucht, indem man Kindern ein Bild mit drei Rosen und acht Tulpen zeigte. Gefragt, ob auf dem Bild mehr Blumen oder mehr Tulpen zu sehen seien, geben die Kinder in diesem Stadium ihrer Entwicklung an, dass auf dem Bild mehr Tulpen zu sehen seien. Die Begründung des Kindes für diese Antwort ist, es gebe weniger Rosen auf dem Bild. Oft geben die kleinen Probanden an, es gebe mehr Tulpen, weil es weniger Blumen gebe. Mit Blumen meinen die Kinder aber die Rosen. Das Wort „Blumen" ändert also seine ursprüngliche Bedeutung.
Die Schwierigkeiten für das Kind liegen nun darin, dass es noch kein System der Klassenverschachtelung aufgebaut hat, das ihm erlaubt, die Inklusionsbeziehung von Unter- und Oberklasse zu erfassen. Es ist zwar in der Lage, die Basiskategorie „Blumen" zu unterscheiden in „Rosen" und „Tulpen". Hat das Kind diese Differenzierung aber bewerkstelligt, ist es aktuell nicht fähig, sie geistig wieder rückgängig zu machen und sogleich die Tulpen wieder der Klasse der Blumen unterzuordnen. Wenn dann gleichzeitig nach „Tulpen" und „Blumen" gefragt wird, steht die Unterklasse „Tulpen" für die Bildung der Oberklasse „Blumen" nicht mehr zur Verfügung.
Da die Differenzierung der Oberklasse gelingt, wird dieses Denken als *unidirektional* bezeichnet. Es ist noch nicht reversibel, das heißt, der gleichzeitige Vollzug der Differenzierung der Oberklasse und deren Rückgängigmachung, die Abstraktion von dieser Differenzierung, gelingt nicht. Die

Unterklasse „Tulpe“ ist, einmal gebildet, sozusagen fixiert und kann für den verlangten Vergleich nicht mehr in die Oberklasse integriert werden. Diese Leistung wird erst möglich, wenn das System der Verschachtelung von Klassen oder der Klassenhierarchie vorhanden ist, in der die nächsthöhere Oberklasse ihre Unterklassen umfasst.

a) Paarbildung b) Dreiergruppen c) Treppenbildung

Bei der Entwicklung *der Reihenbildung nach einer Dimension* unterscheidet Piaget mehrere Etappen: In einer frühen Phase bilden Kinder oft Paare und ordnen diese (siehe Abbildung a), später bilden sie dann Dreier- oder Vierergruppen (siehe Abbildung b), um danach eine Ordnung im Sinne einer Treppe zu bilden – allerdings wird dabei die Gesamtlänge der Stäbe nicht beachtet (siehe Abbildung c).

Nach Piaget ist die Einsicht in die *Invarianz* einer Menge bei Veränderungen eine grundlegende Voraussetzung zum Erwerb des Zahlbegriffes.

Mit Invarianz ist vereinfacht dargestellt ein Erhaltenbleiben gemeint. Ein Kreis bleibt zum Beispiel ein Kreis, egal wie man ihn betrachtet. Piaget nennt Invarianz: „Die Konstanz der Quantität gegenüber nur qualitativen Veränderungen.“

Eine von Piagets berühmtesten Untersuchungen zur Invarianz wird wie folgt durchgeführt: Eine Anzahl von Objekten – z. B. acht rote Steine – wird in eine Reihe gelegt. Unterhalb dieser Reihe wird eine Reihe mit acht blauen Steinen gelegt, so dass jedem roten Stein ein blauer Stein gegenüberliegt. Auf die Frage, ob in jeder Reihe gleich viele Steine liegen, antworten bereits vierjährige Kinder, dass dem so sei. Anschließend wird

eine der Reihen, z. B. die mit den blauen Steinen, auseinander gezogen, so dass die Abstände zwischen den Steinen dieser Reihe größer und die ganze Reihe damit länger wird. Nun werden die Kinder gefragt, ob in beiden Reihen gleich viele Steine sind, oder in einer Reihe mehr Steine. Kinder unter sechs Jahren antworten meist, dass es mehr blaue Steine gibt.
Wird die gleiche Aufgabe allerdings nur mit 4 Steinen durchgeführt, antworten bereits vierjährige Kinder auf die gestellte Frage, dass in beiden Reihen immer noch gleich viele Steine sind.
Das heißt: Die Invarianzaufgabe kann von vierjährigen Kindern gelöst werden, wenn eine Reihe aus bis zu vier Objekten besteht.
Das Aufsagenkönnen der Zahlenreihe vermittelt dem Kind in dieser Phase noch keine für die Einsicht in die Invarianz nützliche Information. Ein fünfjähriges Kind kann zwar die Steine beider Reihen zählen und zur gleichen Anzahl gelangen, dies führt aber trotzdem nicht zur Einsicht in die mengenmäßige Gleichheit der beiden Reihen. Die verwendeten Zahlworte haben im Sinne des Zahlbegriffs noch keine operatorische Bedeutung.
Nach Piaget ist die Ausbildung des Zahlbegriffs erst möglich, wenn das Kind über die Fähigkeit verfügt, *alle* Objekte abzuzählen, was voraussetzt, dass alle Objekte als gleiche Einheiten behandelt werden (z. B. Äpfel nicht von Birnen beim Zählen der Gesamtmenge unterschieden werden). Dies ist eine der Leistungen der Klassenbildung.
Zur vollständigen Ausbildung des Zahlbegriffs muss das Kind über eine weitere Ordnungsrelation verfügen: es muss wissen, dass zuerst das erste, dann das zweite, dann das dritte Element usw. kommt. Piaget bezeichnet die Fähigkeit, Elemente in dieser Weise zu ordnen, die *asymmetrische Relationsbildung:* $a<b<c<d$ . . .
Piaget sieht das Prinzip der Invarianz als eine Grundlage für das Denken ganz allgemein. Das sichere Beherrschen des Invarianzprinzips gelingt, laut Piaget, erst in einem Alter zwischen sechs und sieben Jahren, da das Denken der Kinder erst in dieser Zeit reversibel geworden ist.

Nach Piaget entwickelt sich der Zahlbegriff aus einer Synthese zwischen Kardinal- und Ordinalaspekt, wobei Piaget aber der Zählzahlkomponente keine Bedeutung beimisst. Wesentlich für die Entwicklung des Zahlbegriffs sind, nach Piaget, die kognitiven Fähigkeiten der *Invarianz* (sicher beherrscht erst ab ca. sechs Jahre) und der *Eins-zu-Eins-Zuordnung*, sowie die logischen Operationen der *Klassifikation* und der *Bildung von Reihenfolgen*.

Das formal-operatorische Stadium (11–16 Jahre)
Während im konkret-operatorischen Denken das Kind auf gegebene Informationen (konkret anschaulich oder sprachlich repräsentiert) beschränkt ist, geht das formal-operatorische Denken über vorgefundene oder gegebene Informationen hinaus. Der junge Mensch kann nun „mit Operationen operieren", d.h. er kann nicht nur über konkrete Dinge, sondern auch über Gedanken nachdenken. Die Periode ist charakterisiert durch abstraktes Denken und das Ziehen von Schlussfolgerungen aus vorhandenen Informationen.

Kritikpunkte an der Arbeit Piagets:

Die Arbeiten Piagets wurde in den letzen Jahren zunehmend kritischer gesehen. Hauptkritikpunkte sind:

- Bei veränderter Aufgabenstellung (näher an der Lebenswelt der Kinder), zeigen Kinder zum Teil erheblich früher Leistungen, die Piaget erst später beobachteten konnte. Durch Piagets defizitorientierte Fragestellung (Was können die Kinder noch nicht?) werden die Kompetenzen der Kinder unterschätzt.
- Piaget vernachlässige die Rolle sozialer Faktoren in der Entwicklung (Belehrung, Lernen durch Beobachtung usw.).
- Piaget gibt keine Erklärungen (im Sinne von Wirkursachen), sondern beschränkt sich auf Beschreibungen

Trotz aller Kritik an Piaget liegt sein Verdienst darin, dass seine Forschungen die Grundlagen dazu geschaffen haben, den Zahlerwerb und die Entwicklung mathematischen Denkens beim Kind besser zu verstehen. Daher haben seine Forschungsergebnisse auch heute noch eine große Bedeutung für einige Bildungsprogramme der Kindergärten und für den Mathematikunterricht in der Grundschule.

2.3 Können Babys rechnen? – Neue Studien zur Entwicklung des Zahlbegriffes

Nach Piaget ist der Erwerb des Zahlbegriffes Teil der allgemeinen kognitiven Entwicklung; der Zahlbegriff entwickelt sich aus Erfahrungen mit der Seriation und der Klasssifikation von Gegenständen. Demgegenüber zeigen neuere Untersuchungen, dass es offenbar eine Prädisposition – also angeborene Mechanismen – zur Verarbeitung quantitativer Informationen gibt; Belege, die vermuten lassen, dass die Verarbeitung quantitativer Informationen von Beginn an als implizites Handlungswissen verfügbar ist.
Diese Untersuchungen sind in unserem Kontext besonders interessant, da die Frage, ob Kinder das Verständnis von Zahlen von Grund auf erlernen müssen oder bereits über ein grundlegendes Verständnis von Zahlen verfügen, der Beschäftigung mit mathematischen Aufgabenstellungen im Elementarbereich (und auch in der Schule) neue Impulse gibt.
Es waren Erkenntnisse der Säuglingsforschung zur *Entwicklung von Mengenkonzepten*, die erstaunliche Ergebnisse erbrachten: In mehreren Untersuchungen konnte nachgewiesen werden, dass Babys zwischen verschiedenen kleinen Mengen unterscheiden können. Die amerikanischen Forscher Elisabeth Brennon und Kerry Jordan untersuchten sieben Monate alte Säuglinge. In ihrer Studie zeigten sie den Säuglingen ein Video mit zwei oder drei Frauen, wobei die Kinder gleichzeitig zwei oder drei Frauenstimmen hörten.

> Die Auswertung dieses und anderer Versuche mit Säuglingen erfolgt mit der so genannten Habituationsmethode (habituieren = an den Reiz gewöhnen). Dabei wird dem Kind ein bestimmter Reiz immer wieder vorgespielt. Das Kind reagiert zunehmend gelangweilt, es schaut immer kürzer zu. Zeigt man ihm dann einen neuen Reiz, steigt die Betrachtungszeit, das Kind dishabituiert. Die Forscher können so untersuchen, ob das Kind neue oder überraschende Abweichungen erkennt.

Brennan und Jordan beobachteten, dass die Kinder länger und intensiver auf das Video schauten, wenn die Anzahl der gehörten Stimmen nicht mit der Anzahl der gezeigten Personen übereinstimmte – und dies deuteten sie als Beleg dafür, dass Säuglinge ein abstraktes Verständnis von Zahlen haben.

Diese Fähigkeit erweitert sich mit zunehmendem Alter, Kinder können dann Mengen mit drei bis vier Objekten differenzieren. So ergab eine Studie von Koleen McCrink und Karen Wynn, dass zehn bis zwölf Monate alte Babys, vor deren Augen die Forscher Kekse in zwei Dosen gelegt hatten, die Dose bevorzugten, die die größere Anzahl von Keksen enthielt. Enthielt eine Dose jedoch vier oder mehr Kekse, wählten die Kinder nach dem Zufallsprinzip aus – d. h. Kinder können zwischen Mengen mit bis zu drei Elementen unterscheiden, ein Mengenvergleich wie z. B. 1:4 funktioniert aber nicht mehr.

Es stellt sich daher nun die Frage: Haben Babys überhaupt ein Verständnis für numerische Systeme oder „arbeiten" die Kinder mit einem bildlichen Vorstellungsvermögen zur Entscheidungsfindung?

Karen Wynn und ihre Kollegin untersuchten aufgrund ihrer Ergebnisse mit dem Mengenvergleich nun, ob kleine Kinder doch über ein „mathematisches Talent" verfügen. Die Untersuchungssituation zu der Studie „5 + 5 = 10?" sah wie folgt aus:

In einem Raum saßen die Babys vor einem Bildschirm, auf dem z. B. fünf Rechtecke auftauchten. Nach einer Pause zeigten sich auf dem Bildschirm noch mal fünf Rechtecke und schließlich das Endergebnis: entweder erschien die korrekte Summe von zehn Rechtecken oder es erschienen fünf Rechtecke als falsches Ergebnis.

Die Forscherinnen beobachteten, dass die Kleinen bei falschen Ergebnissen deutlich länger auf den Bildschirm blickten als bei (wohl erwarteten) richtigen Ergebnissen. Sie werteten dies als Beleg dafür, dass bereits kleine Kinder einfache numerische Operationen wie Addition und Subtraktion durchführen können.

Alle neueren Ergebnisse weisen demnach darauf hin, dass grundlegende Fähigkeiten im Umgang mit Mengen angeboren sind. Diese Fähigkeiten dienen als Grundgerüst für das Zählen und Rechnen, das komplexere Anforderungen stellt und im Vorschulalter ausgebildet wird.

2.4 Neurobiologische Grundlagen der Zahlverarbeitung

Stellen Sie sich einmal folgende Situation vor: Sie sind bei Ihrem Lieblingsitaliener und Ihr Kellner ist gerade dabei, die einzelnen Positionen für Ihre Rechnung zusammenzuzählen. Häufig werden Sie beobachten, dass der Kellner in seiner Muttersprache rechnet! Damit bildet er durchaus keine Ausnahme, denn das einfache Rechnen mit Zahlen erfolgt lebenslang in der Sprache, in der es ursprünglich erlernt wurde. Beim Rechnen spielt also die Sprache eine große Rolle als notwendige Voraussetzung für die Entwicklung des Zahlensinns und der sprachlich vermittelten mathematischen Kompetenzen. Studien belegen diese Theorie und weisen nach, dass sprachlich benachteiligte Kinder sowohl Schwierigkeiten beim Erwerb des Zahlsystems als auch bei der Bearbeitung von Textaufgaben haben.
Der Neurobiologe Manfred Spitzer erklärt dieses Phänomen damit, dass „wir Zahlen gelernt haben wie Wörter und sie daher auch so behandeln".
Allerdings gibt es offensichtlich noch einen anderen als den sprachlich vermittelten Zugang zu Zahlen, denn bei Schätzaufgaben schneiden Personen mit Sprachproblemen ebenso gut ab wie alle anderen.
Diese so genannte „multiple Kodierung" von Zahlen hat der französische Gehirnforscher und Mathematiker Stanislas Dehaene genauer untersucht. Keine ganz einfache Aufgabe, denn für die Verarbeitung von Sprache wurde im Gehirn ein eigenes „Zentrum" lokalisiert – ein „Rechenzentrum" gibt es jedoch nicht.
Um zu untersuchen, welche Gehirnareale bei der Bearbeitung mathematischer Aufgaben aktiv sind, bedarf es u. a. bildgebendender Verfahren, die die Aktivität im Gehirn aufzeigen können.
Dehaene und seine Mitarbeiter untersuchten die Aktivität des Gehirns ihrer Probanden während des Lösens unterschiedlicher Arten von Rechenaufgaben und stellten fest, dass Schätzaufgaben andere Aktivitätsmuster im Gehirn zeigten als Aufgaben, bei denen eine exakte Berechnung notwendig war. Die Ergebnisse wiesen somit auf die Existenz mehrerer Funktionseinheiten im Gehirn hin, in denen die Zahlen in jeweils unterschiedlichen Kodierungen repräsentiert sind.

Um die komplizierten Rechenvorgänge im menschlichen Gehirn verständlich zu machen, entwickelte Dehaene das „Triple-Code"-Modell[1], das drei unterschiedliche Funktionseinheiten zur Bearbeitung numerischer Aufgaben umfasst:

Modul 1: „Analoge Repräsentation der Mächtigkeit von Mengen";
- enthält die größen- und mengenmäßige Bedeutung einer Zahl;
- ermöglicht das Vergleichen und Überschlagen von Rechnungen durch das visuelle Erfassen kleiner Mengen und über Schätzen;

➡ ist in beiden Gehirnhälften lokalisiert worden.

Modul 2: „Auditiv-sprachliche Repräsentation"
- Zahlen sind in Wortform repräsentiert;
- wird für exaktes Kopfrechnen, das Speichern und
- Abrufen von Zahlenfakten sowie für Zählprozesse benötigt;

➡ befindet sich in der linken Hirnrinde.

Modul 3: „Visuell-arabische Repräsentation"
- ermöglicht das Operieren mit mehrstelligen Zahlen und das rasche Entscheiden ob eine Zahl gerade oder ungerade ist;

➡ wird in beiden Gehirnhälften vermutet.

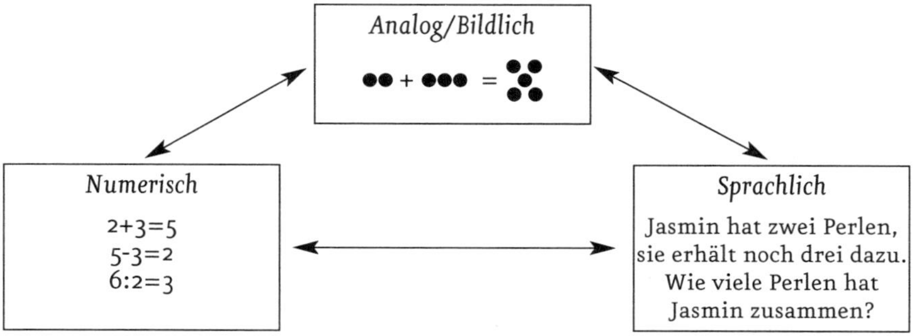

Dehaenes Modell basiert auf Untersuchungen an erwachsenen Patienten. So können zum Beispiel einige Patienten nach einem Hirnschlag nicht mehr entscheiden, ob 9 näher bei 10 oder 5 liegt, und dies, obwohl ihnen einfache Additionen wie 7+3=10 überhaupt keine Probleme bereiten. Andere Patienten wiederum können sich nicht entscheiden, ob 2+2 eher 3

oder 4 ergibt. Werden sie allerdings gefragt, ob sie als Resultat eher 3 oder 9 vorziehen würden, wählen alle die 3.
Um die These zu belegen, dass für die Bewältigung mathematischer Aufgaben mehrere Bereiche im Gehirn zur Verfügung stehen, führten Dehaene und seine Mitarbeiter folgendes Experiment an fließend englisch und russisch sprechenden Studenten durch:

- Schätzen eines Ergebnisses, z. B. „Liegt das Ergebnis von 53 plus 68 eher bei 120 oder bei 150?"
- Lösen einfacher Rechenaufgaben wie 53+68

Die Studenten wurden entweder in Englisch oder Russisch instruiert und danach in derselben oder in der anderen Sprache getestet.
Die Forscher kamen dabei zu einem zum Teil überraschenden Ergebnis:

- Beim Lösen der Schätzaufgaben spielte die Sprache keine Rolle.
- Das Lösen der Rechenaufgaben erfolgte schneller, wenn die Sprache, in der der Student instruiert wurde, und die Sprache, in der getestet wurde, identisch waren!

Mit anderen Worten: Die Fähigkeit, Größen zu schätzen scheint unabhängig von der Sprache zu sein, während das Lösen exakter Aufgaben eng mit sprachlichen Fähigkeiten verbunden ist.
Um diese Behauptung zu beweisen, untersuchten Dehaene und seine Mitarbeiter in einem zweiten Versuch die Gehirne der Probanden während des Rechnens mit einem Kernspin-Tomographen. Bei exakten Additionen zeigte sich dabei, dass die Hirnregion aktiv war, in denen auch Tätigkeits- und Hauptwörter verarbeitet werden; bei Schätzaufgaben waren hingegen in beiden Hirnhälften die Regionen aktiv, die für räumliche und visuelle Aufgaben, aber auch für Finger- und Augenbewegungen zuständig sind.

Dehaenes Studien sahen also die oben genannten drei Funktionseinheiten als Endpunkt der Entwicklung zahlenverarbeitender Hirnfunktionen von Erwachsenen. Nun ging es also noch darum, zu klären, unter welchen Umständen sich zu welchen Zeitpunkten diese so genannten Module und ihre Verbindungen untereinander entwickeln.
Zunächst einmal kann dabei von folgenden Voraussetzungen ausgegangen werden:

- Die Entwicklung der Module wird sowohl durch genetische als auch Umwelteinflüsse und Lernerfahrungen beeinflusst.
- Die Module hängen in ihrer Entwicklung voneinander ab.

Nach Dehaene wird die Entwicklung der zahlenverarbeitenden Module unseres Gehirns folgendermaßen beschrieben:

- Genetisch bestimmt scheint das Modul, das die Semantik einer Zahl enthält, das mit dafür verantwortlich ist, dass bereits Babys über die Fähigkeit verfügen, kleine konkrete Mengen voneinander zu unterscheiden.
- Für die Ausbildung des Moduls, dem unter anderem das Erlernen der Zählsequenz, die Ausbildung von Zählprinzipien und Zählstrategien zugeordnet werden, scheinen diese oben genannten frühnumerischen Fähigkeiten Vorläufer zu sein. Abrufbares Faktenwissen wird schließlich in Kindergarten und im frühen Schulalter erworben durch wiederholte Verknüpfung zwischen der Aufgabe (z. B. 2+3) und dem richtigen Zählergebnis (5).
- Auf der Basis der beiden bereits entwickelten Module und mit systematischer Beschulung wird dann erst das Modul für die arabische Notation entwickelt.
- Der Übergang von konkreten Mengenvorstellungen zu einer abstrakten Zahlvorstellung ermöglicht dann eine Weiterentwicklung des semantisch-analogen Moduls.

Dehaenes Modell diente sowohl dazu, Tests zu entwickeln, die die Frage einer Dyskalkulie oder Rechenstörung klären sollten (siehe ZAREKI von Michael von Aster, mehr dazu S. 134 f.) und die tiefere Problematik dieser Schwäche eingehender untersuchten, als auch als Basis mathematischer Förderprogramme (z. B. mathefacts edex). Darüber hinaus haben seine Untersuchungen (und die anderer Neurologen) „nach Piaget“ zur Differenzierung der Erkenntnisse über die Entwicklung der Zählkompetenz und des Zählens beigetragen.

2.5 Die Entwicklung der Zählkompetenz und des Zählens

Die Anzahl der Objekte einer Menge kann auf verschiedene Arten erfasst werden: einmal durch „bloßes Hinsehen“ (die so genannte *simultane Mengenerfassung*) oder durch *Zählen*. Verschiedene Studien zeigen, dass es sich bei den zwei Varianten wirklich um unterschiedliche Verfahren handelt und die Fähigkeit zum simultanen Erfassen einer Menge von Objekten bereits angeboren ist. Allerdings ist die simultane Mengenerfassung nur möglich, wenn es sich um wenige Objekte handelt (bei Erwachsenen sechs); darüber hinaus müssen andere Strategien angewandt werden, um die Mächtigkeit einer Menge angeben zu können, wie z. B. das Gruppieren der Menge.

Das *Zählen* soll im Folgenden nicht als mechanisches Aufsagen der Zahlwortreihe verstanden werden, sondern als eine Art, die Anzahl der Objekte einer Menge zu bestimmen.

Nach Hasemann[2] können Kinder mit etwa zwei Jahren die ersten Zahlwörter aufsagen und lernen bald, dass mit Zahlwörtern Anzahlen bezeichnet werden, z. B. zwei Bonbons, drei Bausteine usw. Ab dem Alter von etwa dreieinhalb Jahren verfügen Kinder über die ersten drei der so genannten Zählprinzipien. Diese Zählprinzipien wurden von Gelman und Gallistel[3] wie folgt formuliert:

1. *Eindeutigkeitsprinzip:* Jedem der zu zählenden Objekte einer Menge wird genau ein Zahlwort zugeordnet.
2. *Prinzip der stabilen Ordnung:* Die Reihe der Zahlwörter hat eine feste Ordnung (eins, zwei, drei, . . .).
3. *Kardinalzahlprinzip:* Das zuletzt genannte Zahlwort gibt die Anzahl der Objekte einer Menge an.
4. *Abstraktionsprinzip:* Es kann jede beliebige Menge gezählt werden, d. h. es kommt nicht auf die Art der Objekte an, die gezählt werden sollen.
5. *Prinzip der Irrelevanz der Anordnung:* Die Anordnung der zu zählenden Objekte hat keinen Einfluss auf das Zählergebnis.

Die ersten drei Prinzipien, die Kinder zunächst erwerben, beziehen sich darauf, *wie* gezählt wird: Damit ein Kind zählen kann, muss es die Eins-zu-Eins-Zuordnung beherrschen, d. h. es muss in der Lage sein, jedem der zu

zählenden Objekte einer Menge genau ein Zahlwort zuzuordnen. Des Weiteren muss es die Zahlwörter in der korrekten Reihenfolge kennen, um zum richtigen Ergebnis zu kommen.
Bei der Umsetzung dieser Prinzipien gibt es große interindividuelle Unterschieden bei den Kindern und obwohl manche Kinder für uns oft „unlogisch zählen", kommen sie zum richtigen Endergebnis.
Die letzten zwei Zählprinzipien, das Abstraktionsprinzip und das Prinzip der Irrelevanz der Anordnung, beziehen sich darauf, *was* gezählt werden kann, und werden mit etwa vier Jahren erworden.
Der Frage, ob die fünf genannten Zählprinzipien angeboren sind oder erst im Laufe der Entwicklung erworben werden, wurde in vielfältigen Untersuchungen nachgegangen. Mittlerweile geht man davon aus, dass die Zählprinzipien durch einen länger andauernden Lernprozess erworben werden und nicht angeboren sind.
Daher stellt sich die Frage, in welcher Abfolge Kinder die Sicherheit beim Zählen gewinnen bzw. wie sie die Zählfertigkeit erwerben.
Nach Hasemann verläuft die Entwicklung der Zählfertigkeit in fünf aufeinander folgenden Phasen: von der Anwendung der Zahlwortreihe als „Aufsagen eines Gedichtes" bis hin zum sicheren Abzählen. Im Einzelnen sind dies:

- *Phase 1* – „verbales Zählen" – ab etwa drei Jahren:
  In dieser Phase kann die Zahlwortreihe noch nicht zum Zählen eingesetzt werden, da sie nur wie ein Gedicht aufgesagt werden kann. Das bedeutet, dass die Kinder in dieser Phase zwar die Zahlwörter aufsagen können im Sinne von „Eins, Zwei, Drei", ihnen aber noch nicht bewusst ist, dass z. B. „zwei" eine andere Bedeutung als „drei" hat und die letztgenannte Zahl „drei" auch die Mächtigkeit einer Menge angeben soll.
- *Phase 2* – „asynchrones Zählen" – ab etwa dreieinhalb Jahren:
  Im Alter von etwa dreieinhalb bis vier Jahren können Kinder die Zahlwörter zum Zählen in der richtigen Reihenfolge benutzen, übersehen aber oft ein Objekt oder zählen ein Objekt mehrmals.
- *Phase 3* – „Ordnen der Objekte während des Zählens" – ab etwa viereinhalb Jahren:
  Beginnen die Kinder ungeordnete Objekte während des Zählens zu ordnen (etwa dadurch, dass sie bereits gezählte Objekte zur Seite schie-

ben), sind die Kinder in der dritten Phase der Entwicklung der Zählfertigkeit angekommen.

- *Phase 4* – „resultatives Zählen" – ab etwa fünf Jahren:
  In dieser Phase sollte den Kindern klar werden, dass sie beim Zählen mit der Eins beginnen müssen, dass jedes Objekt nur ein Mal gezählt werden darf und dass die letztgenannte Zahl die Anzahl der zu zählenden Objekte angibt.

- *Phase 5* – „abkürzendes Zählen" – ab etwa fünfeinhalb bis sechs Jahren:
  Neben der Tatsache, dass die meisten Kinder in diesem Alter bereits einfache Rechnungen ausführen können, können sie auch in mehr oder weniger geordneten Mengen von Objekten Strukturen erkennen oder bilden.

Bei der Entwicklung der Zählkompetenz des Kindes spielen sowohl interne Veränderungen als auch externe Veränderungen des Individuums eine große Rolle.
Durch die Interaktion mit Eltern, Geschwistern und Spielkameraden wird der Prozess der Zählentwicklung stark gefördert. Insbesondere zwischen dem zweiten und sechsten Lebensjahr ist eine deutliche Entwicklung zu erkennen.

Das Wissen über die Zählprinzipien ermöglicht eine individuelle Förderung und Diagnose der vorhandenen Zählschwierigkeiten.
Bei Kindergartenkindern kann nach Hasemann von folgenden Fähigkeiten ausgegangen werden:

- Vier- bis sechsjährige Kinder entwickeln parallel zur Zählkompetenz die Einsicht in die Invarianz von Mengen, Sicherheit bei der Eins-zu-Eins-Zuordnung und Fähigkeiten in den Bereichen Klassifikation und Seriation.
- Die Einsicht in geometrische Sachverhalte und Beziehungen entwickelt sich ebenfalls in enger Verknüpfung mit den oben genannten Fähigkeiten.
- Vier- bis sechsjährige Kinder sind beim Begreifen noch an reale Gegenstände oder Bilder gebunden.
- Sechsjährige Kinder können meist Begriffe wie „mehr", „höher" oder „größer" in einem genannten Bereich benutzen, übertragen diese Begriffe aber nicht analog auf andere Bereiche.

Zählfertigkeiten, Verständnis der Kardinalzahl und die Rechenoperationen der Addition und Subtraktion entwickeln sich in der frühen Kindheit ohne systematische Lerngelegenheit.

Im Alter von bis zu drei Jahren sollten Kinder:

- räumliche Erfahrungen in Bezug auf den eigenen Körper machen wie *über* den Stuhl klettern, *von oben* herabsehen usw.,
- einfache geometrische Formen durch das Spielen entdecken,
- mit Zahlen in Form von Spielen in Kontakt kommen (Hüpfspiele, Reimspiele, Gesellschaftsspiele . . .),
- sinnliche Erfahrungen von Zahlen in Übungen des täglichen Lebens machen (Kuchen aufteilen, Tisch decken . . .).

Ab etwa vier bis sechs Jahren sollten folgende allgemeine Fähigkeiten

- das Umgehen mit Hilfsmitteln wie Schere usw.
- feinmotorische Fertigkeiten wie Schneiden, Falten, Ausmalen usw.

und folgende mathematische Fähigkeiten vertieft werden:

- Vergleichen, Klassifizieren und Ordnen von Materialien (Form, Farbe, Größe, Dicke, Material)
- Seriation
- Invarianz/Repräsentanz
- Herstellen von Eins-zu-Eins-Zuordnungen
- Gebrauch von Zahlwörtern, Abzählen von Objekten, Spielerischer Umgang mit Zahlen, Bezug zum Alltag herstellen
- Würfelbilder erkennen
- Zahlzerlegung im Zahlenraum bis 5 Elementen
- Simultane Mengenerfassung bis 5 Elemente
- Muster herstellen und erkennen können
- Umgang mit Raum-Lage-Beziehungen (oben, unten, rechts . . .)
- Förderung der Fähigkeit, mathematische Inhalte sprachlich auszudrücken
- Entwicklung der Fähigkeit, Sachverhalte, Zusammenhänge, Gemeinsamkeiten, Unterschiede verbal zu beschreiben
- Förderung des Interesses an mathematischen Inhalten durch reale Erfahrungen

Einige der oben genannten Fähigkeiten, wie Seriation, Mengenvergleich und Erkennen von Invarianz, Operieren mit Eins-zu-Eins-Zuordnungen, Längenvergleiche, Zahlenwissen, Zählfertigkeiten und Rechenfertigkeiten, werden auch als Vorläuferfähigkeiten für den Erwerb mathematischer Kompetenzen verstanden. Unter Vorläuferfähigkeiten werden solche Fähigkeiten von Kindern zusammengefasst, von denen theoretisch schlüssig und empirisch belegt angenommen werden kann, dass sie vorhanden sein müssen, wenn die Schule erfolgreich absolviert werden soll (mehr dazu in Kapitel 2.7, S. 41 ff.).

Dass numerische Kompetenzen bereits sehr früh und nicht erst durch die Beschulung erworben werden, wurde im letzten Kapitel eingehend beschrieben. An dieser Stelle soll jedoch noch einmal gezielt auf die verschiedenen Lösungswege mathematischer Aufgabenstellungen eingegangen werden, die Kinder bereits vor Eintritt in die Schule erworben haben.
In einer Studie wurden im Allgemeinen vier Strategien nachgewiesen, mit denen Kinder im Alter zwischen vier und fünf Jahren Additionsaufgaben lösen, die in einfache Erzählgeschichten eingebettet waren:

- *Aus dem Gedächtnis abrufen:* Bei 64% der Aufgaben griffen die Kinder auf Lösungen zurück, die sie schon wussten. In 66% der Fälle waren die Ergebnisse dabei richtig.
- *Zahlendarstellung durch Finger:* 13% der Aufgaben wurden unter Verwendung der Finger zur Darstellung der Summanden gelöst, ohne sie jedoch zu zählen. Diese Methode führte in 89% der Fälle zu einem richtigen Ergebnis.
- *Zählen:* 8% der Aufgaben wurden ohne Benutzung der Finger durch Zählen gelöst. Nur 54% der so gelösten Aufgaben waren aber auch richtig.
- *Fingerzählen:* 15% der Aufgaben wurden durch Benutzen der Finger und anschließendes Zählen gelöst. Dies führte in 87% der Fälle zu einem Erfolg.

Interessanterweise konnte in dieser Studie nachgewiesen werden, dass fast alle Kinder, je nach Aufgabentyp, über mehrere Strategien verfügten.

Bedeutet dies aber auch, dass die Kinder sich der Strategien bewusst sind und die effizienteste wählen oder darf man sich die Wahl der Strategien als einen nicht bewussten Entscheidungsakt vorstellen?
In einer weiteren Studie wurde das Lösungsverhalten von Kindergartenkindern und Grundschülern untersucht und es wurde nachgewiesen, dass jüngere Kinder bevorzugt Zählprozeduren benutzen, während ältere Kinder und Erwachsene das Abrufen als Hauptstrategie benutzen.

2.6 Die Bedeutung von Wahrnehmung und Motorik für die Zahlbegriffsbildung

Da zur Zahlbegriffsbildung bestimmte Fähigkeiten der Informationsaufnahme- und verarbeitung vorausgesetzt werden, beeinflussen Störungen in der Wahrnehmung, der Motorik und der Vernetzung verschiedener Wahrnehmungsleistungen natürlich die Entwicklung des mathematischen Denkens.

Die Bedeutung der Wahrnehmung

Bei den Wahrnehmungsbereichen wird unter anderem unterschieden in die taktile Wahrnehmung, die visuelle und die auditive Wahrnehmung.

Taktil-kinästhetische Wahrnehmung

Die taktil-kinästhetische Wahrnehmung gilt als Grundlage für die Fähigkeit der Erforschung der Umwelt und der Feinmotorik. Umwelterfahrungen wiederum bilden die Grundlage für alle höheren psychischen Funktionen und somit auch das mathematische Denken.
Ferner stellt die taktil-kinästhetische Wahrnehmung die Grundlage für die Entwicklung des Körperschemas dar. Unter Körperschema versteht man das geistige Bild des eigenen Körpers.

Auffälligkeiten bei der *taktilen Wahrnehmung* zeigen sich dadurch, dass

- leichte Berührungen als schmerzhaft empfunden werden (taktile Abwehr),
- Schmerz kaum wahrgenommen wird,

- Körpergrenzen nicht bewusst sind,
- Berührung von Materialien abgelehnt werden,
- dem Kind fällt ständig etwas runter,
- es stößt sich häufig,
- zeigt tollpatschige Bewegungen,
- zerbricht häufig etwas,
- zeigt Ungeschicklichkeit bei einfachen alltäglichen Verrichtungen.

Auffälligkeiten des Gleichgewichtssinn zeigen sich durch:
- Schaukeln mit dem Stuhl,
- Einklemmen zwischen Stuhl und Tisch,
- das Kind kann nicht frei stehen,
- hat Schwierigkeiten beim Balancieren,
- kann die Treppe nicht wechselseitig gehen,
- „lasche“ Körperhaltung,
- „lümmelt“ beim Sitzen,
- schnell nachlassende Aufmerksamkeit.

Besonders zu beachten ist in diesem Zusammenhang auch das Körperschema. Nur ein ausreichend entwickeltes Körperschema ermöglicht die Orientierung im Raum und damit auch im Zahlenraum. Ein unzureichend entwickeltes Körperschema führt zu Problemen bei der rechts/links-Unterscheidung oder bei der Einhaltung der Rechenrichtung.
Kinder, deren Körperschema noch nicht sicher ausgeprägt ist,
- Vermeiden die Überkreuzung der Körpermitte,
- fangen erst in der Mitte der Zeile an,
- lassen eine Seite des Heftes oft frei,
- entwickeln ein unregelmäßiges Schriftbild,
- haben Schwierigkeiten rechts und links zu unterscheiden,
- drehen Ziffern.

Visuelle Wahrnehmung

Die visuelle Wahrnehmungsfähigkeit bildet die Grundlage für viele integrative Prozesse (Auge-Hand-Koordination, Raum-Lage-Beziehung, visuelle Figur-Hintergrund-Unterscheidung, Formkonstanz), die in einem wich-

tigen Zusammenhang mit mathematischen Leistungen stehen. Störungen der visuellen Wahrnehmung wirken sich darum besonders hemmend auf die Entwicklung mathematischer Leistungen aus.
Bei der *Auge-Hand-Koordination* geht es um das kontinuierliche Zusammenspiel von Auge und Hand.
Das Auge führt die Hand bei der Bewegungsausführung. Eine genau ausgeführte Bewegung ermöglicht auch ein genaues „Begreifen". Dies dient als Grundlage zum Erfassen und Begreifen mathematischer Prozesse.
Die *Figur-Grund-Wahrnehmung* ist die grundlegende Voraussetzung aller Wahrnehmung. Nur das, was sich vom Hintergrund deutlich abhebt, kann als eigenständiges Objekt wahrgenommen werden.
Die Figur-Grund-Wahrnehmung ist für die Mathematik bedeutsam beim simultanen Erkennen von Mengen und bei der Unterscheidung von wichtigen und unwichtigen Bestandteilen eines Bildes oder einer Aufgabe.
Auffälligkeiten zeigen sich unter anderem durch Konzentrationsprobleme, schnellere Ermüdbarkeit und höherer Zeitbedarf oder auch Gliederungsschwäche (es kann nicht gruppiert werden).
Aus dem Zusammenspiel von Auge-Hand-Koordination und Figur-Grund-Wahrnehmung entwickelt sich die Formkonstanz. Wird eine Figur erkannt, muss diese gespeichert werden. Dabei werden Kennzeichen ermittelt und festgehalten. Das geistige Bild der Wirklichkeit wird verfeinert und gefestigt.
Die Bedeutsamkeit dieses Bereichs für die Mathematik zeigt sich in seiner Weiterentwicklung von der Formkonstanz zur Mengenkonstanz (Invarianz) und letztendlich zur Entwicklung des Zahlbegriffs.
Die *Raumorientierung* ist nicht nur eine wichtige Voraussetzung bei der simultanen Mengenauffassung, dem Aufbau von Zahlvorstellungen, dem Entschlüsseln von Gleichungen, dem Begreifen des Stellenwertsystems und auch dem Erlernen der schriftlichen Rechenverfahren, sondern bildet auch die Grundlage für eine Orientierung in der Zeit.
Störungen der Raumlage bewirken zudem

- Unsicherheiten beim Übertrag von der zweidimensionalen Tafel (Senkrechte) auf das Heft (Waagrechte),
- Probleme beim Strukturieren der Arbeitsblätter,
- Unsicherheiten beim Ablauf von rhythmische Abläufen,
- Verdrehungen von Zahlen (6/9; 7/4) und Rechenzeichen/richtung).

Auditive Wahrnehmung

Über die auditive Wahrnehmung lernen Kinder, die Erscheinungen ihrer Umwelt in sprachliche Begriffe zu fassen. Störungen der auditiven Wahrnehmung können in verschiedenen Teilleistungsbereichen wirksam werden: Bei Kindern, die unter einer Differenzierungsschwäche leiden, kann das Rechnen dadurch erschwert werden, dass sie ähnlich klingende Zahlennamen verwechseln (z. B. zwei, drei).

Kinder mit einer gestörten auditiven Figur-Grund-Wahrnehmung verstehen Anweisungen und Erklärungen bei einem normalen Geräuschpegel oft nicht so, wie ihre Mitschüler und Schwächen in der auditiven Merkfähigkeit erschweren den Kindern das Verstehen von Anweisungen oder das Behalten von mündlich gestellten Aufgaben.

Neben einer gut entwickelten Wahrnehmungsfähigkeit sind aber auch weitere Fähigkeiten wie Konzentrationsfähigkeit, Ausdauer, Aufmerksamkeit und Speicherfähigkeit Grundvoraussetzung für erfolgreiches Lernen.

Bedeutung der Motorik

Dass die Mathematik ein „Denken in Räumen“ ist, zeigt sich bereits in den Begriffen wie Zahlenraum, überschreiten, davor, danach, usw. Das Fundament für die mathematischen Vorstellungen räumlicher Beziehungen wird durch das kindliche Erleben der Bewegung im Raum gelegt: Konkrete Erfahrungen mit den räumlichen Eigenschaften „kurz, lang, unter, über, . . .“ erlauben den Kindern später einen sicheren Umgang mit dem „Zahlenraum“.

Ein Hinweis auf Störungen der Motorik, der Wahrnehmung oder der Raumerfassung kann etwa die Weigerung des Kindes sein, bestimmte Materialien wie Sand zum Spielen zu verwenden, aber auch Schwierigkeiten beim Sortieren oder Aufräumen können auf einer Störung beruhen.

Durch Anregen des Kindes, diese „ungeliebten Tätigkeiten“ trotzdem zu üben, wirkt man dem Mangel an wichtigen Erfahrungen entgegen und kann Schwierigkeiten frühzeitig beheben.

2.7 Brücken bauen – von der Kita in die Grundschule

Auf den ersten Blick sind Grundschule und Kindergarten zwei ganz unterschiedlich Welten: Arithmetik, Geometrie und andere mathematische Gegenstände auf der einen Seite und die starke Förderung der Persönlichkeitsentwicklung auf der anderen Seite. Bei genauerem Betrachten stellt man allerdings fest, dass Kinder im Kindergarten bereits viele vormathematische Aktivitäten entwickeln, die von Erzieherinnen gefördert werden können, um eine gute Grundlage für den Mathematikunterricht in der Grundschule zu schaffen. In diesem Zusammenhang stellt sich den Erzieherinnen die Frage: „Wie muss der Kindergarten gestaltet sein, damit möglichst alle Kinder schulfähig werden?" Die Erarbeitung der Schulfähigkeit sollte als gemeinsame Aufgabe von Kindergarten und Grundschule gesehen werden. Was ist nun aber unter Schulfähigkeit genau zu verstehen?

Zunächst soll „Schulfähigkeit" nicht als ein fertiges Produkt, sondern als ein Prozess betrachtet werden. Weit vor der Einschulung beginnen Entwicklungsprozesse wie Lesen, Schreiben und Rechnen – diese Vorerfahrungen von Kindern, die sie in der Vorschulzeit im Zusammenhang mit Buchstaben und Lauten aber auch Mengen und Zahlen gemacht haben, sind bedeutsam für die Schulfähigkeit. Unser Ziel muss es also sein, diese Vorerfahrungen genauer zu erfassen und im Kindergarten und Anfangsunterricht der Schule weiter zu entwickeln. Die Aufgabe, die der Schule dabei zukommt, ist die, den Kindern „Buchstaben und Zahlen beizubringen" – im Kindergarten jedoch soll das Interesse der Kinder an Buchstaben und Lauten sowie an Mengen und Zahlen geweckt werden.

Grundlage der Zusammenarbeit beider Institutionen ist die Orientierung an den entsprechenden Bildungsbereichen des Kindergartens und den Lehrplänen der Grundschule. Die gezielte Beobachtung und die Beurteilung des einzelnen Kindes im Kindergarten sind dabei wichtige Voraussetzungen für die Planung der Förderung während der Kindergartenzeit und bilden die Grundlage für den gelingenden Übergang in die Grundschule.

Wie für den sprachlichen Bereich gilt es auch für den Bereich des mathematischen Denkens, dass vorschulische Fähigkeiten und späterer Schulerfolg eng verknüpft sind, d.h. dass vorschulische Fähigkeiten erlauben, den Schulerfolg vorherzusagen. Eine im Jahr 2003 veröffentlichte Studie von Kristin Krajewski bestätigt, dass das mengen- und zahlenbezogene Vorwissen bedeutsam für das sichere Lernen in Mathematik ist. Darüber hinaus ist bekannt, dass Kinder sehr unterschiedliche Vorerfahrungen mit Zahlen machen und vor allem Kinder aus bildungsfernen Elternhäusern dazu wenig Anregungen zu Hause erhalten.

Bei der Förderung der Schulfähigkeit muss also unterschieden werden zwischen der *Förderung mathematischer Kompetenzen vom ersten Kindergartentag an* und der *spezifischen Förderung von Risikokindern* (vor Schulbeginn).

Die Förderung der Schulfähigkeit von Anfang an bedeutet dabei, das mengen- und zahlenbezogene Interesse der Kinder zu wecken und zu fördern. Ideen, das Bewusstsein für die Welt der Mathematik zu entwickeln gibt es mittlerweile viele – in diesem und in anderen Büchern!

Ein spezielles Programm zur Förderung von „Risikokindern" wird im Kapitel 2.9 gesondert beschrieben.

Abschließend soll betont werden, dass die Förderung der Schulfähigkeit keine einseitige Aufgabe des Kindergartens sein sollte. Beim Eintritt in die Grundschule sollten die im Kindergarten erworbenen Fähigkeiten festgestellt und im Anfangsunterricht sowohl im sprachlichen wie im mathematischen Bereich gefördert werden.

2.8 Was Schulanfänger können

Um die mathematischen Kompetenzen von Schulanfängern einschätzen zu können, führten Marianne Grassmann und ihre Kollegen zu Beginn des Schuljahres 2001/02 eine Untersuchung an 830 Schulanfängern aus 40 Klassen in den Bundesländern Berlin, Brandenburg und Nordrhein-Westfalen durch.[4] Die Frage, wo sich Schulanfänger in Bezug auf mathematisches Wissen und Können befinden, ist sicher nicht nur interessant im Hinblick auf Fördermaßnahmen. Das unterschiedliche Niveau der Kinder, das auch bei dieser Untersuchung deutlich wurde, zeigt den Handlungsbedarf bereits vor Schuleintritt an.

Bundesland	**Berlin**		**Brandenburg**		**NRW**		**Insgesamt**	
Art der Aufgabe	Anzahl der Schüler	Aufgabe richtig gelöst	Anzahl der Schüler	Aufgabe richtig gelöst	Anzahl der Schüler	Aufgabe richtig gelöst	Anzahl der Schüler	Aufgabe richtig gelöst
Erkennen der Ziffer 5	219	213 (97,3 %)	180	176 (97,8 %)	431	365 (84,7 %)	830	754 (90,8 %)
Aus einer Menge eine bestimmte Anzahl von Objekten markieren	219	173 (79 %)	180	155 (86,1 %)	431	317 (73,6 %)	830	645 (77,7 %)
Von 10 rückwärts zählen	219	122 (55,7 %)	180	123 (68,3 %)	431	249 (57,8 %)	830	494 (59,5 %)
Subtraktionsaufgabe (7–5) mit der Möglichkeit des Abzählens lösen	219	203 (92,7 %)	180	174 (96,7 %)	431	395 (91,6 %)	830	770 (92,8 %)
Additionsaufgabe (8+6) mit der Möglichkeit des Abzählens lösen	219	136 (62,1 %)	180	112 (62,2 %)	431	281 (65,1 %)	830	529 (63,7 %)
Aufgabe zur Orientierung in einer Tabelle	219	122 (55,7 %)	180	131 (72,8 %)	431	208 (48,3 %)	830	461 (55,5 %)

Die Ergebnisse der Studie von Grassmann et al. (2002): Mathematische Kompetenzen von Schulanfängern.

Insgesamt konnten bei der oben genannten Untersuchung erhebliche mathematische Kompetenzen herausgefunden werden.
Kinder können zu Schulbeginn offensichtlich nicht nur Ziffern identifizieren, sondern sie auch erkennbar schreiben. Des Weiteren zeigte sich bei einigen Kindern bereits das Verständnis zur Zahlzerlegung. Auch einfache Subtraktionsaufgaben, wie sie im Anfangsunterricht Mathematik zu finden sind, konnte der größte Teil der Kinder richtig lösen. Ebenfalls waren viele Kinder in der Lage, zweistellige Zahlen richtig zu notieren.
Lediglich einige der Aufgabenstellungen erwiesen sich für die Schulanfänger als problematisch:
Besonders große Unterschiede zwischen den Klassen gab es bei Aufgaben, die eine hohe Anforderung an das Sprachverständnis aufwiesen. So erzielten Klassen mit hohem Ausländeranteil bei Aufgaben wie „Orientierung" und „Menge zu einer gegebenen Zahl angeben" schlechtere Ergebnisse als Klassen mit überwiegend deutschsprachigen Schülern.
Die Tatsache, dass nur 55 % der Kinder die Aufgabe „Orientierung" richtig gelöst haben, ist besonders kritisch zu betrachten, da die Orientierung im Raum eine grundlegende Fähigkeit mathematischen Denkens ist.
Bei der Aufgabe „Volumenvergleich", bei der sich die Kinder die räumliche Ausdehnung von Flaschen vorstellen mussten, zeigte sich, dass es für Kinder in diesem Alter noch problematisch ist, die Aufmerksamkeit gleichzeitig auf zwei Dimensionen zu richten (Höhe und Breite der Flaschen).
Die Aufgaben wie „Rückwärtszählen" und Schätzaufgaben bereiteten insgesamt Probleme.
Auch Aufgaben zum räumlichen Vorstellungsvermögen bereiteten den Kindern Schwierigkeiten. Dies macht deutlich, wie wichtig die Förderung der visuellen Wahrnehmung ist.

2.9 Rechenschwäche und Hochbegabung

Rechenschwäche

Als „rechenschwach“ werden Schüler bezeichnet, bei denen die Entwicklung mathematischer Fähigkeiten mehr oder weniger stark behindert ist und denen der Aufbau eines echten Verständnisses für Mathematik nicht gelingt. Von einer „Rechenschwäche/Dyskalkulie“ sollte man also erst bei Kindern ab dem Grundschulalter sprechen, da die Definition von Rechenschwäche beinhaltet, dass ein Kind besondere Schwierigkeiten beim Erwerb mathematischer Kompetenzen hat.

Ein „Rechenschwäche-Riskio“ kann allerdings bereits früher entdeckt werden – dann kann aber auch durchaus, durch geeignete Gegenmaßnahmen, einem „Risikokind“ geholfen werden, nicht rechenschwach zu werden.

Um zu untersuchen, welche Voraussetzungen ein Schulanfänger für den erfolgreichen Erwerb der Grundschulmathematik mitbringen muss, führte Kristin Krajewski ab März 1999 mit ihren Mitarbeiterinnen eine Längsschnittstudie mit 134 Kindern durch.[5] Dabei zeigte sich, dass das schon vor der Einschulung vorhandene mengen- und zahlbezogene Vorwissen ein ganz entscheidender Faktor dafür ist, wie gut ein Kind, auch noch am Ende der vierten Grundschulklasse, den Stoff des Mathematikunterrichtes beherrschen wird.

So konnte gezeigt werden, dass sich die Mathematikleistungen der Kinder in den ersten beiden Klassen schon ein halbes Jahr vor der Einschulung durch ihre Leistungen im Mengen- und Zahlwissen signifikant vorhersagen ließen.

Kinder, die im Kindergartenalter an den Aufgaben zum Mengen- und Zahlvorwissen gescheitert waren, hatten später Probleme im mathematischen Anfangsunterricht und zeigten eine Rechenschwäche.

Die dabei im Kindergarten erfassten Fähigkeiten in den Bereichen:

- Mengenvorwissen (mit Aufgaben zur Seriation und zum – Mengenvergleich),
- Zahlenwissen (z. B. Kenntnis der Zahlbilder bis 10 und Zuordnen von Zahlbildern zu akustisch vorgegebenen Zahlen im Zahlenraum bis 20),

- Zählfertigkeiten (vorwärts und rückwärts zählen, Vorgänger/Nachfolger bestimmen) und
- Rechenfertigkeit (im Umgang mit konkretem Material)

zeigten sich dabei als vorhersagekräftig für die spätere Mathematikleistung.
Mit Hilfe dieser Vorläuferfertigkeiten konnten 60 % der rechenschwachen Kinder bereits im Kindergartenalter korrekt identifiziert werden.
Die Unterschiede in den mathematischen Kompetenzen der Kindergartenkinder in den genannten Bereichen schlugen sich noch vier Jahre später auf die Mathematikleistung nieder – die Überprüfung dieser Kompetenzen kann also eine Vorhersage des Risikos einer Rechenschwäche schon bei Kindergartenkindern ermöglichen.
Mit dem „Beobachtungsbogen zur Erfassung mathematischer Vorläuferfähigkeiten im Elementarbereich" (in diesem Buch Kapitel 3.4) kann eine erste Einschätzung zum aktuellen mathematischen Wissensstand eines Kindes vorgenommen und im Bedarfsfall entsprechende Fördermaßnahmen eingeleitet werden.
Weitere Aufgaben zur Überprüfung der mathematischen Kompetenzen beschreibt Kristin Krajewski folgendermaßen:
Kinder, die eine Rechenstörung entwickeln, fallen im Kindergarten oft durch folgende Probleme auf:

- sie malen ungern oder schlecht,
- die Anordnung des Gemalten auf dem Bild ist relativ unstrukturiert,
- sie haben oft Probleme beim Nachzeichnen,
- sie zeigen häufig feinmotorische Auffälligkeiten,
- sie haben ein schlecht entwickeltes Körperschema,
- sie vermeiden das Bauen mit Konstruktionsspielen,
- sie puzzeln ungern,
- sie verwechseln lange rechts/links, oben/unten usw.,
- sie zeigen Defizite bei Mengenvergleichen,
- das erste anschauliche Rechnen fällt ihnen schwer,
- es fällt ihnen schwer, eine Menge von Gegenständen rasch anzuschätzen ...

Hochbegabung

Es gibt eine Vielzahl unterschiedlicher Definitionen von Hochbegabung, doch nach Mönks ist Hochbegabung ein Ausdruck eines deutlichen Entwicklungsvorsprungs im geistig-intellektuellen, musisch-künstlerischen, sozialen oder motorischen Bereich. Mit einer hohen geistigen Begabung können außerordentliche Leistungen jedoch nur dann erbracht werden, wenn auch die Motivation dazu da ist, und vor allem, wenn die Umweltbedingungen stimmen.[5] Mönks sieht Hochbegabung als Zusammenspiel von hohen intellektuellen Fähigkeiten, Kreativität, Motivation und gutem sozialem Austausch.

Zum Messen der intellektuellen Fähigkeiten wird zumeist ein standardisierter IQ-Test herangezogen. Die meisten Forscher sprechen von Hochbegabung, wenn im Intelligenztest ein IQ von 130 erreicht wird.

Das Thema „Hochbegabung im Kindergartenbereich“ ist heutzutage immer noch relativ wenig erforscht. Schätzungen gehen davon aus, dass etwa 2 % der Kinder hochbegabt und weitere 8 % in der Schule stark unterfordert sind. Von den 2 % Hochbegabten werden viele zu Schulversagern (15 % so genannte underachiever) – immerhin etwa 45000 Schulkinder! Ziel ist es also, dies in Zukunft zu verhindern und begabte Kinder (wie im Übrigen alle anderen Schüler auch) zu fördern, am besten bereits im Vorschulalter.

Die folgende Checkliste bietet einen Rahmen, potentiell hochbegabte Vorschulkinder zu finden und entsprechend zu fördern. Alle genannten Eigenschaften müssen selbstverständlich nicht gleichzeitig auftreten, sondern dienen nur als genereller roter Faden bei der Einschätzung begabter Kinder[7]:

Merkfähigkeit und Gedächtnis	• Kann sich schnell und leicht Fakten merken • Kann sich gut erinnern, vergisst nicht • Hat ein „Elefanten-Gedächtnis“ auch für Details
Analytisches und logisches Denken	• Kann gut Sachverhalte und Probleme auseinander legen • Kann gut schlussfolgern, verallgemeinern und Transfer leisten

	• Erkennt gut Gemeinsamkeiten und Unterschiede • Erfasst zugrunde liegende Systematiken und Prinzipien
Wortschatz und Sprache	• Kennt, versteht und spricht viele (auch seltene) Wörter • Hat eine flüssige Sprache und klaren Ausdruck • Bildet auffallende Satzkonstruktionen • Verwendet ungewöhnliche Ausdrücke
Lesen, Schreiben und Rechnen	• Wendet sich früh Buchstaben und Zahlen zu • Liest, schreibt und rechnet früh
Aktivitäts-Niveau und Energie-Potential	• Malt oder zeichnet differenziert auf hohem Niveau • Gestaltet aufwendige und komplizierte Gebilde • Zeichnungen weisen viele Details und Besonderheiten auf
Kreativität und Fantasie	• Ist kreativ und hat viel Fantasie • Zeigt ungewöhnliche Lösungswege und Ideen
Neugier, Wissensdurst und Erkundungsdrang	• Ist immer an Neuem interessiert • Fragt viel, will alles wissen
Streben nach Selbstständigkeit und Selbsterfahrung	• Will eigene Erfahrungen machen, Eigenes ausprobieren • Will seinen eigenen Weg gehen
Entwicklungsverlauf	• Frühe motorische und/oder sprachliche Entwicklung • Schnelles Durchlaufen oder Überspringen von Entwicklungsphasen

Was versteht man aber nun unter dem Stichwort „mathematische Hochbegabung"?
Mathematisch hochbegabte Kinder bevorzugen im Unterschied zu anderen gleichaltrigen Kindern oft bereits im Vorschulalter eher geistige Tätigkeiten wie Lesen oder Knobeln mit Zahlen und Formen. Sie interessieren sich – mitunter einseitig – für spezielle mathematische, geographische, biologische oder historische Themen. Da sie selten adäquate Spielkameraden finden, sind sie oft schon frühzeitig auf sich selbst angewiesen.
Das besondere Tätigkeitsprofil extrem hochbegabter Kinder besteht offenbar darin, dass sich bei den Kindern eine große Diskrepanz zwischen dem Niveau ihrer intellektuellen Fähigkeiten und ihrer physischen Entwicklung herausbilden kann. So finden sich durchaus Vorschulkinder, die zwar schon wie Viertklässler rechnen, aber noch nicht mit Papier und Bleistift umgehen können.
Der Psychologe Vadim A. Krutetskii fand in seinen Untersuchungen an mathematisch-naturwissenschaftlich hochbegabten Kindern heraus, dass sie sich in einigen Fähigkeiten sehr stark von mathematisch-naturwissenschaftlich normalbegabten Kindern unterscheiden. Demnach

- verfügen diese Kinder über eine sehr hohe analytische Fähigkeit und einen hohen IQ,
- erfassen und verstehen sie die Formalstruktur eines Problems sofort und ohne Mühe,
- denken sie logisch, präzise und können gut mit Symbolen umgehen,
- können sie sehr schnell generalisieren, lernen mathematisch-technische Strukturen und Prozesse in effizienter Weise und
- verfügen über ein äußerst flexibles und kreatives Problemlöseverhalten.

Im Mathematikunterricht der Schule

- verstehen sie komplexe Zusammenhänge sofort und möchten selbst weiter arbeiten, müssen aber auf die Schwächeren Rücksicht nehmen,
- werden zum Wiederholen eines Stoffes angeleitet, den sie schon längst begriffen haben und der sie in keiner Weise mehr herausfordert,
- Werden sie angehalten, das, was vom Lehrer vorgegeben wurde, in der von ihm gewünschten Weise zu reproduzieren,

- müssen sie Hausaufgaben machen, die für sie langweilig sind und die keinerlei Herausforderung für sie bedeuten.

Anmerkungen

1 Dehaene, Stanislas: Varieties of numerical abilities. Cognition, 44, 1992, S. 1–42.
2 Hasemann, Klaus: Anfangsunterricht Mathematik, Heidelberg / Berlin 2003, S. 5.
3 Gelman, Rochel; Gallistel, C. R.: The Child's understanding of number, Cambridge, MA: Harvard University Press 1978, S. 77 ff.
4 Grassmann, Marianne et al. (Hrsg.: Universität Potsdam, Institut für Grundschulpädagogik, Mathematik): Mathematische Kompetenzen von Schulanfängern. Kinderleistungen – Lehrererwartungen (Potsdamer Studien zur Grundschulforschung 2002), Band 1, Potsdam 2002.
5 Krajewski, Kristin: Vorhersage von Rechenschwäche in der Grundschule, Hamburg 2003.
6 Vgl. Mönks, Franz; Ypenburg, Irene H.: Unser Kind ist hochbegabt. Ein Leitfaden für Eltern und Lehrer, München (4. aktualisierte Aufl.) 2005.
7 Vgl. Horsch, Herbert et al.: Hoch begabt – und trotzdem glücklich. Was Eltern, Kindergarten und Schule tun können, damit die klügsten Kinder nicht die Dummen sind, Ratingen 2006.

3. Mathematische Lerngelegenheiten im Elementarbereich

3.1 Vorbereitungen

Wie bei allen Aktionen mit Kindern gilt auch bei der Beschäftigung mit mathematischen Themen der Hinweis, dass nicht das Ausmaß mathematischer Angebote im Elementarbereich entscheidend ist, sondern der bewusste Umgang mit mathematischen Inhalten und das aktive Tun der Kinder. Viele mathematische Inhalte kommen in zahlreichen Alltagssituationen im Elementarbereich vor. So zählen die Kinder wie „nebenbei" ihre Freunde, sie bauen Türme und vergleichen deren Höhe und so weiter. Nutzen Sie solche Situationen, um den Kindern ihre mathematischen Denkweisen bewusst zu machen. Julian hat einen höheren Turm als David gebaut? Wie viele Steine braucht David nun, um einen gleich hohen Turm wie Julian zu erhalten? Jasmin hat ihre Freundinnen gezählt und festgestellt, dass es drei sind? Wie viele Freundinnen sind sie dann mit Jasmin zusammen? Sind noch Freunde krank – und wenn ja, wie viele? Lena hat festgestellt, dass sie größer ist als Jana? Das muss doch gleich nachgeprüft werden! Stimmt es? Wer ist nun aber größer als Lena?
Indem sie alltägliche Situationen aufgreifen, sensibilisieren sie Kinder für mathematische Denkweisen und regen sie zu weiterem Handeln an. Damit ist der erste Schritt getan: Mathematik wird als interessant und aufregend empfunden und erhält nicht bereits im Kindergartenalter den fahlen Beigeschmack des „trockenen" Faches.
Um den Kindern mehr Lernanlässe zu geben, sollten Sie in einem Gruppenraum Materialien zur Verfügung stellen, die das Interesse der Kinder wecken und zu eigenem Tun anregen. Wichtig dabei ist die Überschaubarkeit und die Möglichkeit der Wiederholbarkeit von Versuchen. Den Kindern muss ermöglicht werden, Handlungen wie Messen, Wiegen etc. so lange und so oft ausführen zu können, wie sie es möchten. Dabei lernen die Kinder über Versuch und Irrtum Vermutungen anzustellen und diese anhand eigener Erfahrungen an der Realität zu prüfen. Grundsätzlich gilt

wie bei allen Experimenten mit Kindern: Die Darbietung mathematischer Inhalte muss dem Alter entsprechend und damit praktisch und konkret erfolgen. Dies bedeutet, dass sie das Alter der Kinder und das angebotene Material entsprechend auswählen sollten.
Geben Sie den Kindern dabei genügend Zeit für Fragen und eigene Lösungsversuche, ohne zu voreilig mit eigenen Erklärungen aufzuwarten. Wenn sie merken, dass Ihre Hilfe benötigt wird, stellen Sie gemeinsam mit den Kindern Theorien auf und überprüfen Sie sie gemeinsam („Ist Klaus wirklich schwerer als Jana?“ und „Was sieht man, wenn man auf einer Kiste steht. Was sieht mein Freund, der neben der Kiste steht?“).
Vielleicht werden Sie durch die Aktionen und Spielideen angeregt, ein „mathematisches Projekt“ zu initiieren. In diesem Fall ist – wie stets bei der Projektarbeit – eine gute Vorbereitung vonnöten. Machen Sie sich grundlegende Gedanken über die Durchführung, den zeitlichen Rahmen, die benötigten Materialien und so weiter. Soll ein Angebot geschaffen werden, in dem die Kinder in ihrer Freispielzeit experimentieren können oder wird eine Erzieherin das Projekt anleiten?
Überlegen Sie gegebenenfalls, ob Sie mit Fachleuten und weiteren Experten zusammenarbeiten können. Eltern können auf dem spannenden Weg zur Erforschung mathematischer Welten wertvolle Unterstützung liefern.
Im Hinblick auf einen sicheren Übergang vom Kindergarten in die Grundschule ist es zudem ratsam, eine Zusammenarbeit mit der Grundschule anzustreben. Vielleicht ist es Ihnen möglich, mit den zukünftigen Schulkindern einmal in der Woche die Schule zu besuchen und dort eine „Probestunde“ abzuhalten. Wenn möglich, sollten Kindergarten und Schule in allen schulrelevanten Bereichen eng zusammenarbeiten, um so auch frühzeitig Probleme anpacken zu können.

Und denken Sie immer daran:

- Sie sollten allen Kindern, unabhängig von Alter und Geschlecht, die Möglichkeit bieten, mathematische Inhalte kennen zu lernen.
- Mathematik im Elementarbereich nimmt Kindern die Kindheit nicht weg, sondern greift das auf, womit Kinder sich immer schon gerne beschäftigt haben!

– Mathematik im Elementarbereich nimmt nicht den Schulstoff vorweg. Die Vorläuferfähigkeiten im mathematischen Bereich zu überprüfen und zu trainieren ist sinnvoll und notwendig. Studien belegen zudem, dass durch einen bewussten Umgang mit mathematischen Themen im Elementarbereich Rechenstörungen frühzeitig entdeckt werden können und so sehr früh Schritte zur Hilfe eingeleitet werden können.

3.2 Material

Grundsätzlich sind die meisten der benötigten Materialien der im Folgenden vorgestellten Praxisbeispiele im Kindergarten vorhanden und sollten für alle Kinder frei verfügbar sein. Um die Lernanlässe auch in das Zuhause der Kinder zu übertragen, eignen sich insbesondere Haushaltsgegenstände, die die Kinder dann in der elterlichen Wohnung wiederfinden. So werden sie dazu angeregt, Beobachtungen auch außerhalb des Kindergartens weiter zu führen.
Einige der Materialien, die Sie im Folgenden benötigen sowie anregende Spiele, die für den Elementarbereich interessant sind, erhalten Sie unter den folgenden Quellen:

Material	Bezugsquelle
Perlen, Muggelsteine	Gut sortiertes Fachgeschäft, im Internet unter: www.aurednik.de
Ton, Kleber usw.	Fachgeschäft
Mandalas	Fachgeschäft, www.betzold.de oder weitere Lehrmittelverlage
Tangramvorlagen	Gut sortiertes Fachgeschäft, im Internet unter: www.aurednik.de oder www.betzold.de
Wendeplättchen	www.betzold.de oder weitere Lehrmittelverlage
Legematerial	Dusyma

Spiele	Bezugsquelle
Halli Galli (Amigo), Fördert Reaktion, simultanes Erfassen, Addieren	Fachgeschäft, www.spielenet.de
Rechenpuzzles Addition und Subtraktion im Zahlenraum bis 20, mit Selbstkontrolle	www.betzold.de oder weitere Lehrmittelverlage
Colorama (Ravensburger) Farben und Formen kennen lernen	Fachgeschäft
Speed: Das schnellste Kartenspiel (Ekos) Förderung von Wahrnehmung und Konzentration	Fachgeschäft
Blokus (Sekoia) Abstraktes Legespiel zur Förderung der (Raum-) Wahrnehmung	Fachgeschäft
Make'n' break (Ravensburger) Fördert die Feinmotorik, Raumwahrnehmung, Konzentration	Fachgeschäft

3.3 Praxisbeispiele

Die folgenden Praxisbeispiele orientieren sich an den mathematischen Vorläuferfähigkeiten die ich oben bereits dargestellt habe. Der besseren Übersicht halber sind diese hier noch einmal aufgelistet:

Unspezifische Vorläuferfähigkeiten
- Klassifikation
- räumliches Vorstellungsvermögen

Spezifische Vorläuferfähigkeiten
- Seriation
- Zahlzerlegung
- Simultanes Erfassen
- Invarianz
- Eins-zu-Eins-Zuordnung
- Messen
- Zahlwissen

In den folgenden Abschnitten werden die einzelnen Fähigkeiten näher dargestellt und Anleitungen zur mathematischen Umsetzung gegeben.

3.3.1 Sortieren und Klassifizieren

Worum es geht

Sortieren und Klassifizieren ist ein erster spielerischer Zugang zur Mathematik: Formen vergleichen und ordnen, Baustein zu Baustein, Auto zu Auto. Oder Farbe zu Farbe, groß zu groß, klein zu klein.

> Die Mengenlehre ist die mathematische Theorie die sich mit den Eigenschaften von Mengen beschäftigt. Sie ist die Grundlage der modernen Mathematik.
> Mengen lassen sich einteilen nach den *Merkmalen* der Elemente und ihrer *Mächtigkeit*.

Betrachtet man die Merkmale einer Menge, so wird auf einer ersten Stufe nach augenfälligen Merkmalen wie Form, Farbe, Größe unterschieden. Auf einer zweiten Stufe wird nach funktionellen Merkmalen (z. B.: „Alles, woraus man trinken kann.“) und auf der dritten Stufe nach mehreren Merkmalen („Alle blauen Autos mit Anhänger“) unterschieden.
Durch die Beschäftigung mit Mengen lernen die Kinder, verschiedene Dinge unter einem Merkmal zusammenzufassen. Darüber hinaus wird das Kind zu einem flexiblen Denken angeregt, da es lernt, dass jedes Ding mehrere Merkmale haben kann.
Werden Mengen im Hinblick auf ihre Mächtigkeit untersucht, so betrachtet man auf der ersten Stufe die absolute Größenangabe („Ein Turm aus 4 Steinen!“). Auf der zweiten Stufe werden Zahl und Relation kombiniert zu Merkmalen wie „Ein Turm mit weniger als 7 Bausteinen!“ Auf der dritten Stufe werden Mengen mit Mächtigkeitsunterschieden betrachtet, z. B. „Baut 2 Türme, wobei der eine zwei Steine höher sein soll als der erste“! Dadurch werden elementare Zahlkenntnisse angeeignet und bewegliches Denken gefördert.

Was wichtig ist

Die Verfügbarkeit über umfassende Klassifikationssysteme ist nach Piaget eine Grundvoraussetzung für die Entwicklung des Zahlbegriffs. Wenn Dinge gezählt werden sollen, müssen sie bestimmte Gemeinsamkeiten aufweisen.
Da im Anfangsunterricht Mathematik die Leistungen des Sortierens und Klassifizierens nicht eingeführt, sondern als bekannt vorausgesetzt werden, ist es notwendig, bereits in der Vorschulzeit Kinder mit Eigenschaften von Dingen vertraut zu machen.
Manchen Kindern gelingt es nicht, beim Zusammenfassen von Gegenständen nach einem Kriterium, z. B. der Farbe, von den anderen Kriterien der Gegenstände abzusehen. So erkennen rechenschwache Kinder diese Gemeinsamkeiten oft nicht und gruppieren eher nach subjektiven Kriterien. Sollen z. B. geometrische Formen nach einer Farbe zusammengelegt werden, so halten es Kinder mit Problemen im mathematischen Bereich für falsch, alle roten Formen zusammenzulegen, weil dann eben Kreise und Dreiecke auch zusammengelegt werden müssen. Sie sind nicht in der Lage, von bestimmten Eigenschaften der Objekte, wie z.B. der Form, abzusehen und sich nur auf eine Eigenschaft, nämlich die Farbe, zu konzentrieren.
Da Sortieren und Klassifizieren immer sprachlich vermittelt werden, können Sprachprobleme den Kindern zusätzlich Schwierigkeiten bereiten. Auch hier ist es wichtig, auf die Probleme der Kinder differenziert einzugehen und ihnen eine schnelle Hilfe zukommen zu lassen.

Was man machen kann

Gleiche Farbe

Material: verschiedene farbige Kisten, verschiedene geometrische Formen (Vierecke, Dreiecke, Kreise)
Beschreibung: Bitten Sie die Kinder, die Gegenstände nach der Farbe in die richtige Kiste zu legen.

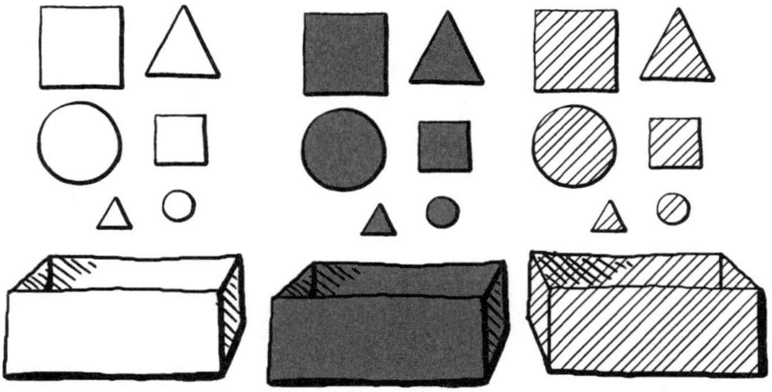

Hinweis:

Als Vorbereitung auf dieses Spiel haben Sie die Möglichkeit, die Kinder helfen zu lassen und erfahren so „nebenbei" den aktuellen Wissensstand der Kinder:

- Lassen Sie die Kinder die Kisten bemalen. Kennen alle Kinder die Farben bereits? Im Alter von 5 bis 6 Jahren sollten Kinder Farben verschiedener Helligkeit und Sättigung gut unterscheiden können. Wenn sie Farben nicht richtig benennen, kann das damit zusammenhängen, dass die entsprechenden Begriffe (noch) nicht vorhanden sind.
- Kann ein Kind die Farben nicht unterscheiden? In diesem Fall könnte eine Farbblindheit vorliegen (hier wäre ein Augenarzt zu Rate zu ziehen), es könnte sich aber auch um visuelle Wahrnehmungsprobleme handeln (ob das der Fall ist, sollte ein Ergotherapeut oder eine Frühförderstelle abklären).

Variationen:

- Selbstverständlich benötigen sie nicht unbedingt geometrisch Formen beim Sortieren. Um Gegenstände nach der Farbe zu sortieren, eignen sich ebenso gut Gummibärchen (Wer sagt, dass Mathematik nicht „schmeckt"?), Bausteine, Perlen, usw.
- Lassen Sie die Kinder auch nach „Negativkriterien" sortieren z. B.: „Suche alle Formen, die *nicht blau* sind!"

Gleiche Form

Material: verschiedene Kisten, die sie einer bestimmten Form zuordnen möchten; alle möglichen Arten von Formen
Beschreibung: Bitten Sie die Kinder, die Gegenstände nach der Form in die richtige Kiste zu legen.

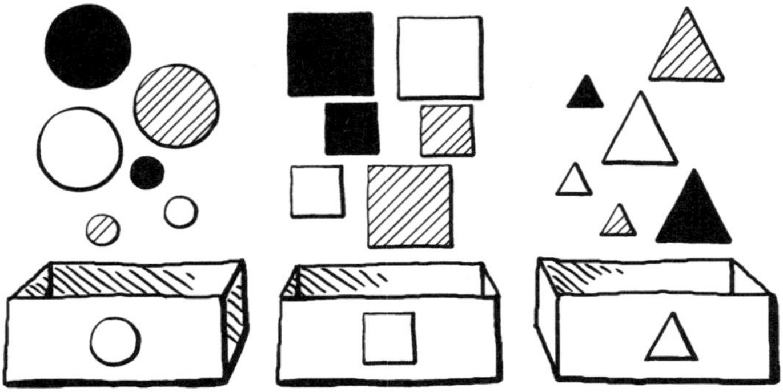

Hinweis:
Kinder haben bis ins Vorschulalter Probleme, gleiche Formen aufgrund unterschiedlicher Raumlage zu unterscheiden, wie zum Beispiel diese beiden Dreiecke.

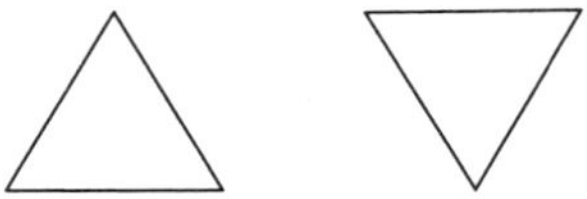

Dass oft bis ins Schulalter Buchstaben wie d und b oder p und q verwechselt werden, liegt daran, dass Vier- bis Sechsjährige nicht in der Lage sind, Linien bestimmter Neigungswinkel wieder zu erkennen, allerdings können sie unterschiedlich geneigte Linien, die ihnen gezeigt werden, voneinander unterscheiden. Daher kann man davon ausgehen, dass es sich bei der kurzzeitigen Verwechselung der Buchstaben um ein Gedächtnisproblem handelt. Spätestens in der Schule sollte allerdings das Verwechseln von Buchstaben aufmerksam beobachtet werden, denn es könnte ein Hinweis auf eine eventuell vorhandene Legasthenie sein.
Da eine enge Beziehung zwischen Formwahrnehmung und Sehschärfe besteht, sollte bei längerfristigen kindlichen Problemen in der Wahrnehmung von Formen stets ein Facharzt zu Rate gezogen werden.

Wir sind eine Form

Material: Klebebänder, Spielmaterialien aus dem Kindergarten
Beschreibung: Kleben Sie mit dem Klebeband eine Figur, z. B. ein Rechteck, auf den Boden. Lassen Sie nun die Kinder im Kindergarten Gegenstände finden, die die gleiche Form haben.
Fordern Sie anschließend eine bestimmte Anzahl Kinder auf, die Form mit ihren Körpern nachzulegen.

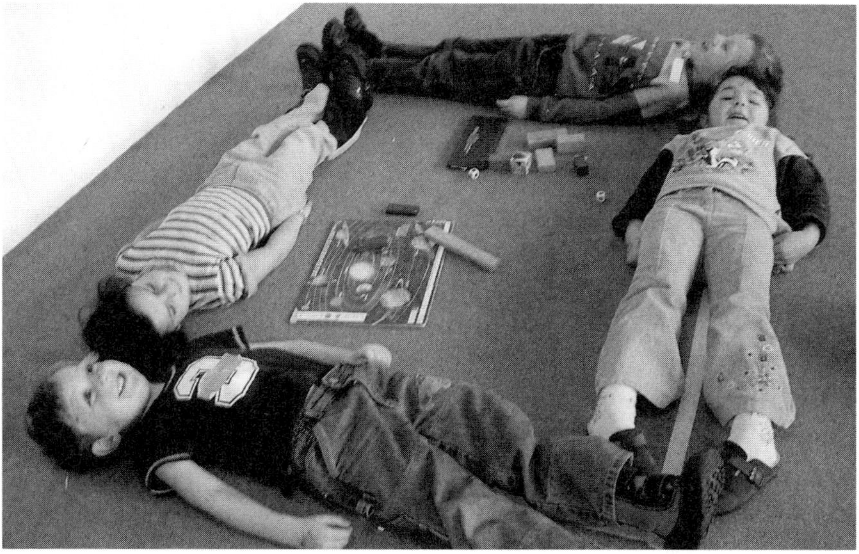

Variation:
Das Spiel kann mit anderen Formen, wie Kreisen, Dreiecken, fortgeführt werden.

Sortieren wir die Natur

Material: verschiedene Naturmaterialien wie Blätter, Steine etc., feste Pappe, Kleber
Beschreibung: Lassen Sie die Kinder nach einem Waldspaziergang ihre gefundenen Gegenstände sortieren und auf feste Pappe kleben. Die Gegenstände können nach der Form (rund, eckig . . .) oder auch nach Eigenschaften wie rau, glänzend . . . sortiert werden.

Sie können auch vor dem Spaziergang mit den Kindern entscheiden, nach welcher Eigenschaft/nach welchen Eigenschaften gesucht werden soll. Schreiben oder malen Sie den Kindern diese Eigenschaft/en auf, damit sich die Kinder unterwegs erinnern können.

Formen ertasten

Material: verschiedene einfache Formen (wie Kreis, Dreieck usw.) und dreidimensionale Gegenstände, die im Gruppenraum zu finden sind, eine Kiste, ein Tuch zum Abdecken
Beschreibung: Legen Sie in eine große Kiste verschiedene Objekte unterschiedlicher Form, z.B. ein Rechteck, ein Dreieck, ein Kreis usw. Decken Sie die Kiste mit einem Tuch ab und lassen Sie ein Kind ein Objekt zunächst unter dem Tuch ertasten. Das Kind kann bereits jetzt den Versuch unternehmen, das Objekt zu benennen. Anschließend nimmt das Kind das Objekt zur näheren Betrachtung aus der Kiste, benennt es und zeigt es allen. Welche Form hat das gezeigte Objekt? Welche Dinge im Raum (oder in der Natur) haben die gleiche Form?
Variationen:
Können die Kinder sicher Kreis, Dreieck und Viereck unterscheiden? Eine Ausmalaufgabe (Kopiervorlage: Rudi Roboter, S. 66), macht den Kindern Spaß und hilft den Erzieherinnen zu erkennen, ob die Kinder sicher sind im Umgang mit Formen.
In einem weitern Schritt können Sie das Spiel auch auf Körper wie Kugeln, Zylinder usw. ausdehnen. Machen Sie die Kinder vor Beginn des Spiels mit den einzelnen Körpern vertraut. Sie sollten sie zum Be-greifen in die Hände nehmen. Sprechen Sie mit den Kindern über die Eigenschaften der einzelnen Körper.
Hinweis:
Vor Schulbeginn sollten Kinder sicher sein im Umgang mit ebenen Figuren wie Dreieck, Rechteck usw. aber auch räumlichen Körpern wie Kugel, Zylinder usw.

„Ich sehe was, was du nicht siehst!"

Material: keines
Beschreibung: Beschreiben Sie einen bestimmten Gegenstand, den Sie sehen: „Ich sehe was, was du nichts siehst und das ist blau und rund!" – als Beschreibung für einen blauen Ball. Das Kind, das den Gegenstand erraten hat, darf weitermachen.
Hinweis: Dieser „Klassiker" unter den Spielen ist sicherlich allen Erzieherinnen bekannt. Aufgeführt wird er hier trotzdem, weil er eine Vielzahl von Möglichkeiten bietet, das Erkennen und Benennen von (geometrischen) Formen, Farben, Kombinationen von Formen und Farben etc. spielerisch zu üben.

Tangrams legen

Material: Tangramvorlagen (Kopiervorlage S. 77), Schere, evtl. Klebestifte, Papier
Beschreibung: Entweder lassen Sie die Kinder selbstständig die einzelnen Teilfiguren aus den Tangramfiguren ausschneiden und versuchen, sie wieder zusammenzusetzen. Sie können den Kindern aber auch die einzelnen Teile des Tangrams ausgeschnitten geben und dann beobachten, wie die Kinder versuchen, das Originalbild wieder herzustellen.
Hinweis:
Durch das Spielen mit Tangrams haben die Kinder die Möglichkeit, die Begriffe ‚Viereck', ‚Quadrat', ‚Rechteck', ‚Parallelogramm', ‚Dreieck' und ‚Kreis' kennen zu lernen und entsprechende Flächen benennen zu können. Weiterhin kann durch das Formenlegen die Kreativität geschult werden, indem Kinder selbstständig Umrissfiguren erstellen und gelegte Figuren auf Papier mit einem Stift umfahren. Das Tangram hilft ihnen, einerseits ihre visuelle Wahrnehmungsfähigkeit und andererseits ihr räumliches Vorstellungsvermögen zu erweitern.

Formen aus dem Supermarkt

Material: alle möglichen Verpackungsmaterialien aus dem Supermarkt
Beschreibung: Bitten Sie die Kinder, von zu Hause alle möglichen Verpackungen (Dosen, Milchpackungen, Zahnpastatüten etc.) mitzubringen.

Gemeinsam können Sie dann alle mitgebrachten Gegenstände nach Formen sortieren und benennen lassen. Legen Sie dazu am besten Kisten an, in die die Verpackungen einsortiert werden können. Sprechen Sie mit den Kindern über die verschiedenen Formen und lassen sie sie durch „Versuch und Irrtum" selbst Erkenntnisse gewinnen.

Eins und Eins gesellt sich gern

Material: Paare von Gegenständen, die zusammengehören wie z. B. zwei Socken, zwei Stifte, zwei Teller usw.
Beschreibung: Legen Sie die Gegenstände völlig durcheinander auf den Tisch. Führen Sie ein Kind an den Tisch und zeigen Sie ihm all die Gegenstände. Wählen sie einen Gegenstand aus und fragen Sie das Kind, welcher der anderen Gegenstände dazu passt.
Hinweis:
Beim Erkennen von Flächen- und Körperformen in Alltagsgegenständen wird eine grundlegende mathematische Fähigkeit vorausgesetzt, nämlich die der Formkonstanz. Das bedeutet, dass z. B. gleiche Formen unterschiedlicher Größe oder verschiedener Lagen im Raum als gleich erkannt werden. Bedeutsam ist dieser Bereich für die Mathematik deshalb, weil sich ausgehend von der Formkonstanz die Mengenkonstanz entwickelt und letztendlich ein sicherer Zahlbegriff aufgebaut werden kann.

Wir gehören zusammen

Material: Paare von Gegenständen, die funktionell zusammengehören wie z. B. Stift und Papier, Seife und Waschlappen, Socke und Schuh usw.
Beschreibung: Sammeln Sie verschiedene zusammenpassende Gegenstände. Halten sie es jedoch einfach und legen Sie zunächst nur 3 Paare auf einen Tisch. Führen Sie ein Kind an den Tisch und zeigen Sie ihm all die Gegenstände. Wählen Sie einen Gegenstand aus und fragen Sie das Kind, welcher der anderen Gegenstände dazu passen könnte.

Gleich oder verschieden

Material: Gruppen mit jeweils drei Spielsachen (zwei davon einander gleich, eines anders, z. B. zwei Spielkarten und ein Blatt)
Beschreibung: Sortieren Sie die Gegenstände zu Gruppen mit jeweils 3 Objekten. Jede Gruppe sollte zwei identische Objekte sowie ein leicht abweichendes enthalten. Legen Sie jede Gruppe von Gegenständen in eine extra Tüte. Die Kinder setzen sich an den Tisch und Sie geben jedem Kind eine Tüte. Fragen Sie jedes Kind, welcher der drei Gegenstände nicht zu den anderen passt. Geben Sie den Kindern etwas Bedenkzeit. Falls ein Kind Schwierigkeiten hat, können Sie ihm ein paar Fragen stellen, die es auf die Eigenschaften der Gegenstände hinweisen.
Wie bei allen anderen Spielen auch, können Sie den Schwierigkeitsgrad sehr gut dem jeweiligen Kenntnisstand der Kinder anpassen.
Variante:
Eine schwierigere und abstraktere Variante dieses Spiels mit vier Objekten – was ist kein Tier, nicht essbar, ist kein Vierbeiner, hat nicht vier Räder – finden Sie als Kopiervorlage auf S. 67. Dieses Zuordnungsspiel ist für Vorschulkinder geeignet, die besonderen Spaß an solchen Aufgaben haben.

Sortieren nach zwei Merkmalen

Material: Sortierkiste wie sie z. B. für Weihnachtsdekoration erhältlich ist, Farbstifte, geometrische Formen in verschiedenen Farben

Beschreibung: Beschriften Sie die entsprechenden Felder der Kiste mit einer Form in einer bestimmten Farbe oder beschriften Sie wie in der Zeichnung den Rand der Kiste. Lassen Sie die Kinder nun die einzelnen Formen richtig zuordnen.

Variation:
Ebenso gut wie nach Form/Farbe können sie die Kinder auch nach Farbe/Größe (kleine roten

Plättchen, mittlere rote Plättchen, große rote Plättchen) oder Form/Größe (kleine Dreiecke, große Dreiecke) sortieren lassen.

Wo bleiben die roten Dreiecke

Material: verschiedene geometrische Formen wie Kreis, Dreieck, Viereck (Legematerialien gibt es im Fachhandel, siehe S. 53, aber natürlich können Sie einfache Formen auch selbst herstellen), Holzreifen
Beschreibung: Geben Sie den Kindern zunächst eine Form vor, z. B. „das Dreieck", und sagen Sie den Kindern, dass sie alle Dreiecke aus den vorliegenden Formen herausfinden sollen. Legen Sie alle gefundenen Dreiecke zunächst in einen Holzreifen.
Nun geben Sie den Kindern eine Farbe vor, z. B. „rot", und lassen die Kinder alle roten Formen finden. Diese roten Formen legen Sie in einen zweiten Holzreifen.

Fragen Sie die Kinder nun, ob Ihnen etwas auffällt. Vielleicht hat das eine oder andere Kind bereits beim Finden der Formen Probleme, wohin das „rote Dreieck" gehört. Sprechen Sie mit den Kindern darüber, dass es eine so genannte Schnittmenge gibt, die Objekte enthält, die sowohl zu dem einen Kreis (Dreiecke) wie auch zu dem anderen Kreis (rot) gehören. Mit den Holzreifen können Sie diese Schnittmenge sehr gut anschaulich darstellen.

Wir spielen Kaufladen

Material: ein gut sortierter Kaufladen
Beschreibung: In einem Kaufladen bieten sich vielfältige Möglichkeiten, Dinge nach verschiedenen Gesichtspunkten zu sortieren und zu klassifizieren:
So können Sie zunächst einfach alle vorhandenen Waren nach der Farbe sortieren lassen. Wenn Sie sich auf nur eine Ware, z. B. Eier, beschränken, könnten diese der Größe nach (oder der Farbe nach – braun/weiß) sortiert werden. Danach könnten Sie das Material nach Eigenschaften (welche Dinge können gegessen werden, welche nicht) sortieren lassen.
Hinweis:
Natürlich können Sie auch alle Waren aus dem Kaufladen ausräumen und die Kinder selbst einräumen lassen. Dabei können Sie beobachten, nach welchen Kriterien die Kinder sortieren. Haben alle Kinder verstanden, dass nach objektiven und nicht nach subjektiven Kriterien unterschieden werden muss? Kinder sollten vor Eintritt in die Schule Gegenstände nach vorgegebenen Kriterien zuordnen können. Auch diejenigen, die nicht mit eingeräumt haben, sollten die Kriterien der Ordnung verstehen können.

Wir räumen den Kindergarten auf

Material: verschiedene Kisten mit Spielmaterialien
Beschreibung: Kippen Sie die verschiedenen Spielzeugkisten auf dem Boden aus und bitten Sie die Kinder, Ihnen beim Sortieren zu helfen. Beachten Sie dabei das jeweilige Alter der Kinder. Kleinere Kinder können z. B. alle roten Dinge in einer Kiste sammeln, ältere Kinder können bereits alle runden Objekte suchen und noch ältere Kinder können bereits komplexere Aufgaben bewerkstelligen, wie z. B. das Sortieren der Kisten nach funktionellen Merkmalen (wird zum Basteln benötigt, brauche ich zum Spielen usw.). Sprechen Sie mit den Kindern über die verschiedenen Eigenschaften der Dinge.
Variante:
Auf der Seite 68 finden Sie die Kopiervorlage: Drei Gruppen bilden, für Kinder, denen komplexe Sortieraufgaben Spaß machen.

Kopiervorlage: Rudi Roboter

(zu „Formen ertasten“, S. 60)

Vorlage zum Ausmalen: Die geometrischen Formen, aus denen Rudi Roboter besteht, Kreise (rot), Dreiecke (gelb) und Vierecke (grün), farbig ausmalen.

Kopiervorlage: Was gehört nicht dazu?

(zu „Gleich oder verschieden“, S. 63)

Welches Bild passt jeweils nicht in die Reihe? Das betreffende Bild durchstreichen. Warum passt es nicht?

Kopiervorlage: Drei Gruppen bilden

(zu „Räumen wir den Kindergarten auf“, S. 65)

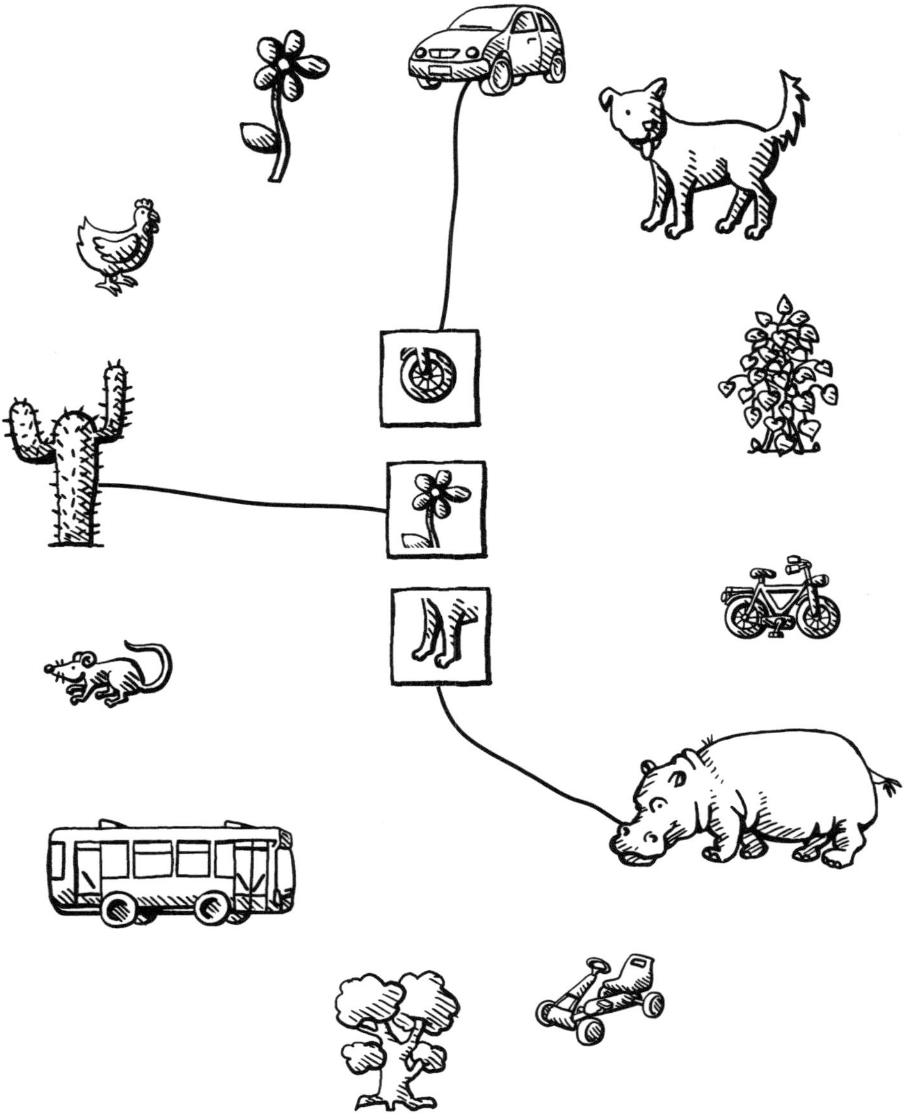

Die Bilder mit Strichen richtig zuordnen.

3.3.2 Räumliches Vorstellungsvermögen

Worum es geht

Unter dem räumlichen Vorstellungsvermögen werden die Fähigkeiten zusammengefasst, die es uns ermöglichen, visuell wahrnehmbare Gebilde (z.B. die Zeichnung eines Würfels) in ihrer räumlichen Organisation (nämlich als Würfel) aufzufassen und gedankliche Veränderungen an ihnen vorzunehmen (so können wir in Gedanken den Würfel auf „eine andere Seite" drehen und uns vorstellen, was man auf dieser Seite finden kann).

Hierunter zählt auch die Fähigkeit zur „Figur-Grund-Unterscheidung", die es uns ermöglicht, einzelne für eine Handlung wichtige Objekte aus einem Kontext zu isolieren (z.B. in einem „Bilderwirrwar" einzelne Figuren „herauslösen" zu können).

Was wichtig ist

Studien betonen immer wieder den Zusammenhang zwischen der Rechenleistung und der Fähigkeit des räumlichen Vorstellungsvermögens. So wird unter anderem darauf hingewiesen, dass erst durch die Position der Ziffern (als ihrer räumlichen Anordnung) der Wert einer Zahl bestimmt werden kann. Auch der Begriff des „Zahlenraums" deutet auf einen engen Zusammenhang zwischen den Grundrechenarten und der Raumvorstellung hin.

Verschiedene Studien belegen nicht nur die Zusammenhänge zwischen Rechenschwierigkeiten und Schwierigkeiten bei der Raumwahrnehmung, sondern zeigen auch, dass mathematikbegabte Kinder besser als Vergleichsgruppen mit räumlichen Bildern umgehen können.

Darüber hinaus konnte ein Zusammenhang zwischen Schwierigkeiten bei der Raumvorstellung und Problemen beim Erlernen der Uhr festgestellt werden.

Was man machen kann

Pfeifenreinigerformen

Material: Pfeifenreiniger in verschiedenen Farben, einfache Vorlagen von verschiedenen Tieren, z. B. Fische, oder geometrischen Formen
Beschreibung: Legen Sie den Kindern je nach Alter eine Vorlage mit einem Tier oder anderen Formen vor und geben Sie ihnen die Pfeifenreiniger. Bitten Sie nun die Kinder, die einzelnen Formen mit den Pfeifenreinigern nachzubilden.

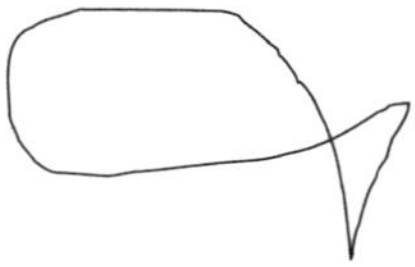

Wir turnen uns durch den Raum

Material: ein Turnraum oder großer Gruppenraum
Beschreibung: Bei verschiedenen Turnübungen ergeben sich vielfältige Möglichkeiten, den Raum und seine Begrenzungen kennen zu lernen: Lassen Sie die Kinder bis zu einer bestimmten Linie vorspringen und dann wieder zurück; lassen Sie die Kinder auf ein Turngerät steigen und dann wieder runterspringen; ...
Variationen:
- Wenn Sie ein Kind *auf* ein Turngerät, das nächste *links daneben* usw. setzen, können Sie den Kindern die verschiedenen Richtungsangaben deutlich machen.
- Bei Turnübungen können Sie auch andere Bereiche wie z. B. Seriation einbinden: Lassen Sie die Kinder eins nach dem anderen loslaufen.
- Beim Springen und anderen Übungen können die Kinder Vergleiche anstellen wie: weiter, höher, schneller usw.
- Selbst das später oft so unbeliebte Thema „Messen" kann im Turnunterricht vorbereitet werden durch: Messen der Weiten in Meter (und Zentimeter); Messen der benötigten Zeit in Minuten (und Sekunden); ...

Muster weiterführen

Material: einfache Legematerialien wie Steine, Perlen, Erbsen ... oder aber auch Naturmaterialien
Beschreibung: Legen Sie den Kindern ein bestimmtes Muster vor und bitten Sie die Kinder, das Muster genauso nachzulegen

Variation:

- Verändern Sie je nach Alter und Vorwissen der Kinder die Größe des Musters.
- Lassen Sie die Kinder ein Muster vorlegen und legen Sie es nach.

Wir decken den Geburtstagstisch

Material: Tisch, Stühle für alle Kinder, Geschirr und Besteck für alle, Tischdecke und weiter Dekorationsartikel

Beschreibung: Bereiten Sie mit den Kindern zusammen den Tisch für eine Geburtstagsfeier vor. Wo kommen die Teller hin, wo die Messer, Gabeln usw. Mit diesem einfachen „Spiel" lernen Kinder Grundbegriffe kennen wie oben/unten, rechts/links, neben, über . . .

Hinweis:

Beim Tischdecken für eine Geburtstagsparty ist mehr Mathematik vorhanden, als man glauben möchte:

Da umgibt man sich mit

- Farben: matt, bunte, einfarbig . . .
- Formen: Ist der Tisch rechteckig oder quadratisch? Welche Form haben die Teller? Das Besteck kann länglich, oval, . . . sein. Die Serviette ist quadratisch – und wenn sie gefaltet wird?
- Zeiten: Vormittag, Pause, Spielzeit . . .
- Reihenfolgen: zuerst Tischtuch, dann Teller usw.
- Relationen: größere Becher und kleinere, mancher isst weniger, der andere mehr, . . .
- Muster: Tischdecken, Geburtstagskuchen, Servietten – überall begegnet man vielfältigen Mustern.

Wir basteln eine Kette

Material: Schnüre, Fädelmaterial (wie Perlen, aber auch Nudeln u. Ä.)
Beschreibung: Geben Sie den Kindern ein bestimmtes Perlenmuster zum Basteln einer Kette vor und lassen Sie sie es nachlegen. Danach werden die Perlen zu einer Kette auf die Schnüre gefädelt und die Schnüre gut verknotet.

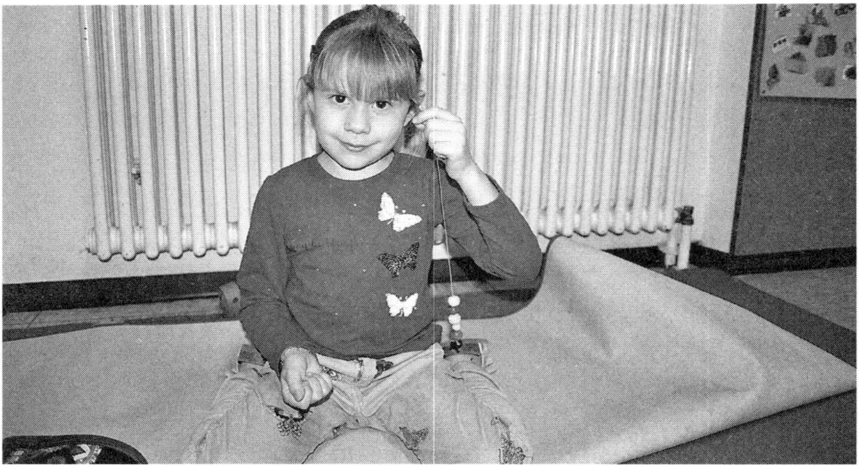

Verschönere Ninas Bett mit den vorgegebenen Mustern

Material: Zeichnung von „Ninas Bett" mit angedeutetem Muster (Kopiervorlage S. 74), Stifte
Beschreibung: Geben Sie den Kindern eine Kopie des Bildes und lassen Sie die Kinder die Muster vervollständigen: der linke Bettpfosten ist quer gestreift, der rechte diagonal . . .

Figuren mit verschiedenen Formen nachlegen

Material: Formen-Vorlage und Vorlage zum Nachlegen (Kopiervorlage S. 75), Scheren, Kleber
Beschreibung: Geben Sie jedem Kind ein Blatt mit den Vorlagen zu den Formen und zum Nachlegen. Lassen Sie die Kinder nun die Formen ausscheiden und die vorgegebene Form nachlegen. Anschließend kann die nachgelegte Form aufgeklebt werden.

Figuren mit Tangrams nachlegen

Material: Tangram-Formen in verschiedenen Farben, Vorlagen zum Nachlegen (Kopiervorlagen S. 76 f.)
Beschreibung: Geben Sie den Kindern genügend Tangram-Formen und je nach Alter und Entwicklungsstand eine Vorlage, die die Kinder nachlegen können.

Wir bauen einen Abenteuerspielplatz

Material: Bausteine in verschiedenen Farben und Größen, Spielfiguren
Beschreibung: Bauen Sie mit den Kindern zusammen einen Abenteuerspielplatz mit Rutsche, Klettergerüst, Haus, Zaun usw. Durch Platzieren der einzelnen Spielfiguren werden räumliche Aspekte – im wahrsten Sinne des Wortes – ins Spiel gebracht: eine Figur sitzt *auf* der Schaukel, eine andere *im* Haus, wieder eine andere geht nach *rechts*, usw.

Kopiervorlage: Ninas Bett

(zu „Verschönere Ninas Bett“, S. 72)

Die vorgegebenen Muster weiterführen.

Kopiervorlage: Formen legen

(zu „Figuren mit verschiedenen Formen nachlegen“, S. 72)

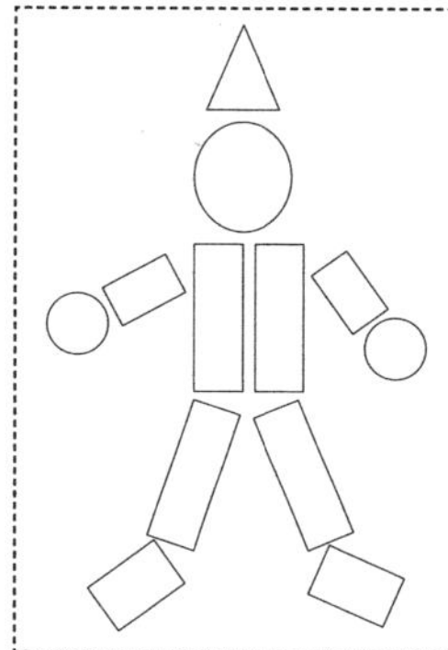

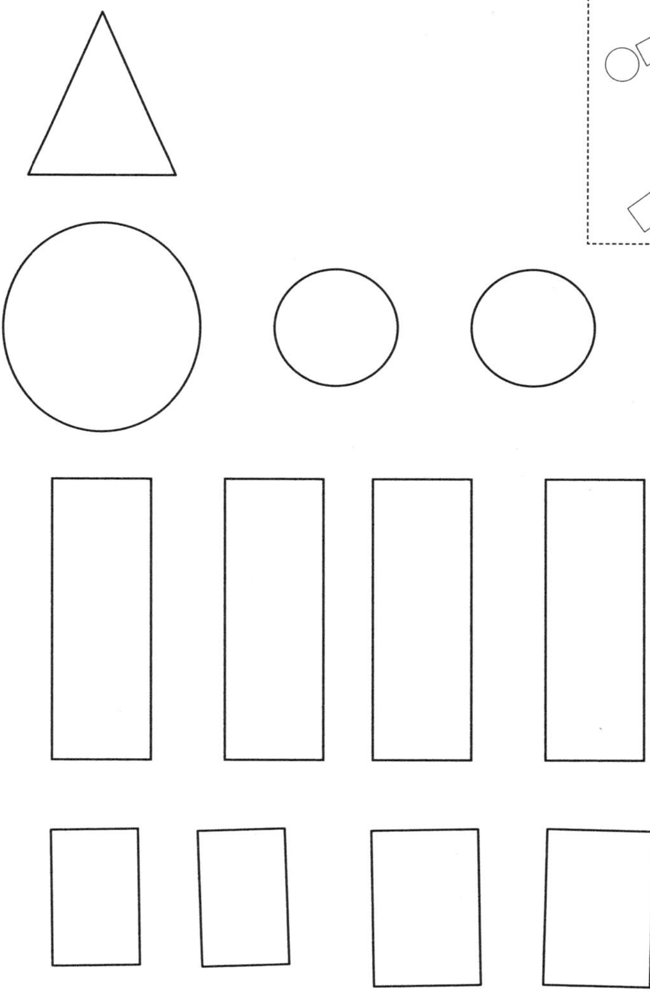

Die Formen ausschneiden und die vorgegebene Figur (oben rechts) nachlegen.

Kopiervorlage: Tangram-Formen

(zu „Figuren mit Tangrams nachlegen“, S. 73)

Tangram-Formen zum Ausschneiden.
(Sie können die Formen auch auf farbiges Papier kopieren.)

Kopiervorlage: Tangram-Figuren zum Nachlegen

(zu „Tangrams legen“, S. 61 und „Figuren mit Tangrams nachlegen“, S. 73)

Einfache Figuren

Anspruchsvollere Figuren

3.3.3 Seriation/Reihenbildung

Worum es geht

Bei Aufgaben zur Seriation geht es darum, Gegenstände gemäß einer Regel in eine bestimmte Reihenfolge zu bringen (z. B. der Größe nach).

Was wichtig ist

Durch Erfahrungen in der Reihenbildung wird das spätere Verständnis der Zahl als aufsteigende Zahlenreihe, der Beziehung der Zahlen als Größen zueinander sowie ihrer Stellung in der Reihe aufgebaut. Gelingt die Seriation nicht, so ist ein echtes Zahlenverständnis unmöglich.
Reihenbildung ist ein wichtiges Prinzip, um Zahlen zu beherrschen – mit Seriations-Aufgaben wird der ordinale Aspekt der Zahl trainiert. Zudem dient ein sicheres Beherrschen von Seriationsaufgaben als Grundlage für die Orientierung im Zahlenraum (Vorgänger/Nachfolger bestimmen), die Einordnung von Zahlen in unserem Zahlsystem (dort bestimmt die Position der Stelle den Wert der Zahl z. B. „51" bedeutet fünf Zehner und ein Einer während „15" ein Zehner und fünf Einer bedeutet), von Zahlenfolgen (z. B. Einmaleinsreihen) und als Basis für das Rechnen mit Größen und Maßeinheiten.

Was man machen kann

Was ziehe ich morgens an

Material: Stühle für alle Kinder
Beschreibung: Setzen Sie sich mit den Kindern in einen Kreis, um jedes Kind sehen zu können und alle in das Geschehen einzubeziehen. Lassen Sie nun jedes Kind überlegen, in welcher Reihenfolge es morgens welche Kleidungsstücke angezogen hat. Weisen Sie die Kinder darauf hin, dass eine bestimmte Abfolge notwendig ist (Wie man mit „falscher Kleiderabfolge" aussieht, wird die Kinder sicher amüsieren!).

Variation:
Statt über die Reihenfolge des Aufstehens im Sinne des Anziehens zu reden, können Sie auch die verschiedenen Tageszeiten oder Uhrzeiten ordnen lassen: morgens stehe ich auf, dann gehe ich in den Kindergarten und komme mittags heim ... Je nach Alter der Kinder können Sie natürlich spezifischer werden und genaue Uhrzeiten einbauen.

Formen ordnen

Material: Papier, Schere, Stifte
Beschreibung: Malen Sie auf ein Blatt Papier Formen unterschiedlicher Größe, z. B. vier Kreise von klein bis groß. Schneiden Sie die Kreise nun aus und geben Sie jedem Kind vier Kreise, die es der Größe nach sortieren soll. Geben Sie dabei an, ob das Kind von klein nach groß oder von groß nach klein sortieren soll.

Variationen:
- Selbstverständlich können Sie die Kreise auch laminieren oder der Stabilität halber auf Pappe zeichnen.
- Benutzen Sie einfache Formen wie Kreise, Rechtecke, Dreiecke usw., damit sich die Kinder auf das Wesentliche konzentrieren können und nicht von der Figur abgelenkt werden. Hier können Sie auch feststellen, ob ein Kind bereits über die Fähigkeit verfügt, ein neues Objekt in eine bereits bestehende Reihe einzuordnen. Zeichnen Sie dazu einen fünften Kreis, der der Größe nach z. B. zwischen dem zweiten und dritten liegt. Lassen Sie das Kind nun den fünften Kreis einsortieren.

Welcher Marienkäfer ist der älteste

Material: Papier, Schere, Stifte
Beschreibung: Sie können die Abbildungen auf der folgenden Seite als Kopiervorlage verwenden. Schneiden Sie die Marienkäfer aus und lassen Sie die Kinder nun die Marienkäfer nach der Anzahl ihrer Punkte aufwärts sortieren.
Hinweis:
Selbstverständlich können Sie die Marienkäfer auch laminieren oder der Stabilität halber auf Pappe kleben.

Variationen:

- Sie können die Marienkäfer absteigend (vom ältesten zum jüngsten) sortieren lassen.
- Falls Sie nicht mit Alter/Anzahlen arbeiten wollen, können Sie Marienkäfer in unterschiedlicher Größe zeichnen und die Kinder auffordern, die Käfer nach der Größe (entweder vom kleinsten bis zum größten oder umgekehrt) zu sortieren.

Frühling, Sommer, Herbst, Winter

Material: Papier, Schere, Stifte
Beschreibung: Malen Sie jeweils auf ein Blatt ein typisches Indiz für eine Jahreszeit oder verwenden Sie die nebenstehende Illustration als Kopiervorlage. Legen Sie den Kindern die Blätter vor und lassen sie sie nach den Jahreszeiten aufsteigend sortieren. Überlegen Sie sich, ob Sie die Bilder laminieren oder der Stabilität halber auf Pappe zeichnen.

Variationen:

- Selbstverständlich können Sie auch die Kinder bitten, Bilder zu den verschiedenen Jahreszeiten selbst zu malen. Diese können dann auch geordnet und – wenn gewünscht – zu einem Jahreszeitenbuch gebunden werden.

– Ebenso wie nach den Jahreszeiten kann man die Kinder auch Wochentage oder Monate sortieren lassen. Entscheiden Sie je nach Alter der Kinder, ob die Kinder etwas Passendes malen, Sie den Kindern Zeichnungen vorgeben oder sogar die Namen der Wochentage bzw. Monate auf Zettel schreiben.

Ein selbstgemachtes Buch

Material: Kinder-Lesehefte, billige Bücher, Papier, Klebstoff, Schere, Hefter, Stifte

Beschreibung: Schneiden Sie gemeinsam mit den Kindern (je nach Alter der Kinder sechs bis zehn) Bilder aus den Heften oder Büchern aus. Kleben Sie jeweils ein Bild so auf ein weißes Blatt Papier, dass noch Platz für einen kleinen Text bleiben kann. Lassen Sie nun die Kinder ein Bild nach dem anderen auswählen und stapeln Sie sie auf. Heften Sie nun die Blätter in der gewählten Reihenfolge zusammen. Regen Sie die Kinder dazu an, Ihnen zu jedem Bild (angefangen beim ersten) etwas zu erzählen und schreiben Sie das Gesagte unter das Bild. Fahren Sie so mit jedem Blatt fort, bis das Ende des „Buches“ erreicht ist. Lassen Sie die Kinder zum Schluss noch einen Titel für die Geschichte ausdenken und lesen Sie die Geschichte nun zum ersten Mal im Zusammenhang gemeinsam.

Eine Bewegung nach der anderen

Material: keines
Beschreibung: Gehen Sie mit den Kindern in ein großes Zimmer oder ins Freie. Beginnen Sie nun mit einer einzigen Bewegung eines ihrer Körperteile, z. B. heben Sie eine Hand. Fordern Sie die Kinder auf, die Bewegung nachzuahmen. Fügen Sie dann eine neue Bewegung hinzu, z. B. stampfen Sie mit dem Fuß. Fordern Sie die Kinder auf, die Bewegungen in der richtigen Reihenfolge nachzumachen: Hand heben, mit dem Fuß stampfen. Fügen Sie nun eine weitere Bewegung hinzu und wiederholen Sie das Spiel so lange, bis sich die Kinder die richtige Reihenfolge nicht mehr merken können.
Variation:
Selbstverständlich können Sie auch die Rollen tauschen und ein Kind als Spielleiter bestimmen. Das gewählte Kind muss sich selbst die Bewegungen ausdenken und sich natürlich die Reihenfolge selbst merken können.
Hinweis:
Bekannten Spielen wie „Ich packe meinen Koffer“ oder „Lasst uns ein Fest organisieren“ liegt die gleiche Idee des Behaltens einer Reihenfolge zugrunde.

Wie lange muss ich noch warten

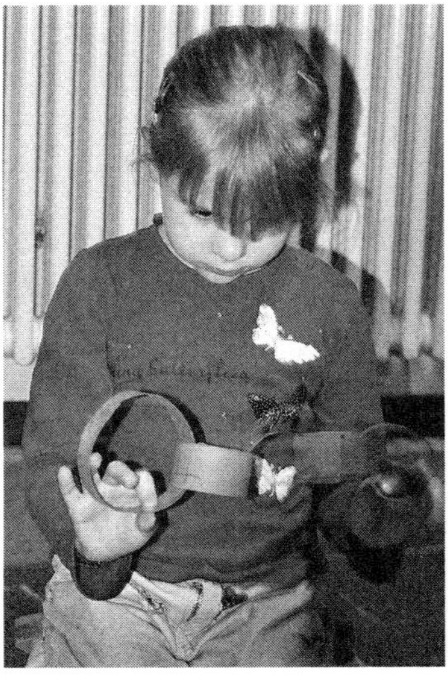

Material: eventuell buntes Papier, Schere, Klebestift, Stifte, Kalender

Beschreibung: Wählen Sie zusammen mit den Kindern ein für sie wichtiges Datum aus: z. B. der eigene Geburtstag, Ostern, Beginn der Ferien, Tage bis zum Schulbeginn usw. Helfen Sie nun anhand des Kalenders jedem Kind die Tage bis zu diesem wichtigen Ereignis zu zählen. Schneiden Sie aus dem Papier Streifen entsprechend der Anzahl dieser „Wartetage“ aus (wählen Sie einen besonderen Streifen für den besonderen Tag) und nummerieren Sie die Streifen fortlaufend. Basteln Sie nun mit den Kindern eine Papierkette aus den Streifen.

Hängen Sie die Papierkette für jedes Kind sichtbar und erreichbar hin. Nun kann jedes Kind jeden Tag das Kettenglied mit der höchsten Nummer abtrennen. So wird es immer wissen, wie viele Tage es noch bis zu dem besonderen Termin dauert!

Hinweis:

Achten Sie darauf, dass die Anzahl der Papierstreifen und damit die Wartezeit dem Alter der Kinder angepasst ist.

3.3.4 Zahlzerlegung

Worum es geht

Soll die Anzahl einer Menge der Größe bis zu vier Elementen bestimmt werden, kann das von Kindern „auf einen Blick" (simultan) erfasst werden. Soll die Anzahl größerer Mengen bestimmt werden, müssen Kinder über die Fähigkeit verfügen, die Menge geeignet zu gliedern und dann zu zählen.

Was wichtig ist

Die Zerlegung der Zahlen dient dazu, Zahlvorstellungen auszubauen und zu vertiefen. Da die zu zerlegende Zahl in Beziehung zu anderen, kleineren Zahlen gestellt wird, ist die Zahlzerlegung bedeutsam zum Verstehen der Beziehungen der Zahlen untereinander.
Durch die Zahlzerlegungen und damit die Beziehung der Zahlen untereinander werden wichtige Grundvoraussetzungen für die Addition und Subtraktion geschaffen.

Was man machen kann

Holzkugelreihe

Material: Pfeifenreiniger, Holzkugeln (einer Sorte) zum Auffädeln
Beschreibung: Lassen Sie das Kind 5 Holzkugeln auf einen Pfeifenreiniger auffädeln. Verknoten Sie die Enden, so dass die Kugeln nicht herausfallen können. Lassen Sie die Kinder nun die Kugeln hin und her schieben – mal sind zwei Kugeln auf der einen Seite und drei auf der anderen, mal sind es vier Kugeln auf der einen Seite und eine auf der anderen. Durch einfaches Verschieben der Kugeln (mit offenen oder geschlossenen Augen) kann so die Zahl 5 auf verschiedene Weise dargestellt werden.

Variationen:

- Verändern Sie die Anzahl der Perlen je nach dem Alter der Kinder.
- Machen Sie die Kinder auf die unterschiedliche Darstellung der immer gleich bleibenden fünf Kugeln aufmerksam.

Rot gewinnt

Material: Wendeplättchen rot/blau (Bezugsquelle siehe Kapitel 3.2)
Beschreibung: Geben Sie jedem Kind 5 Wendeplättchen und bitten Sie die Kinder, ihre Plättchen in die Hände zu nehmen, durchzuschütteln und auf einen Tisch fallen zu lassen. Lassen Sie die Kinder nun zählen, wie viele Plättchen auf der blauen bzw. roten Seite gelandet sind. Wer die meisten roten Plättchen hat, gewinnt!
Hinweis:
Reden Sie mit den Kindern darüber, dass die Kinder unterschiedliche Darstellungen der fünf Plättchen erhalten haben. Während das eine Kind etwa drei rote und zwei blaue Seiten sieht, hat ein anderes Kind vielleicht eine blaue und vier rote Seiten vor sich liegen.

Mathe-Twister

Material: Kreide, Schaumstoffwürfel
Beschreibung: Zeichnen Sie mit Kreide die Zahlen von 1 bis 6 (jeweils eingekreist) auf den Boden. Würfeln Sie nun mit einem großen Schaumstoff-Würfel. Die Kinder sind anschließend dazu aufgefordert, sich mit beiden Füßen gleichzeitig so auf zwei Zahlen zu stellen, dass die Summe der beiden Zahlen wiederum die gewürfelte Zahl ergibt (zum Beispiel: gewürfelt „3" – linker Fuß auf die 1, rechter Fuß auf die 2). Ist eine Zahl bereits durch ein anderes Kind „besetzt", muss man auf eine andere Zerlegung ausweichen.
Variationen:

- Zeichnen Sie die Zahlen von 1 bis 6 mehrfach auf den Boden, so dass mehrere Kinder mitspielen können.

– Sie können konkrete Kommandos geben – also z.B. bei der Würfelzahl 5 – linker Fuß auf die 4, rechter Fuß auf die 1 . . .

Wie viel in meiner rechten Hand

Material: abzählbare Gegenstände z. B. Nüsse, große Perlen, . . .
Beschreibung: Zeigen Sie den Kindern die Anzahl der Gegenstände, die Sie in der Hand halten z. B. 5 Nüsse. Verteilen Sie nun die 5 Nüsse hinter Ihrem Rücken in beide Hände und zeigen Sie den Kindern nur eine geöffnete Hand. Lassen Sie die Kinder raten, wie viele Nüsse noch in der anderen Hand sind.

3.3.5 Simultane Zahlerfassung

Worum es geht

Bei der Fähigkeit der simultanen Zahlerfassung handelt es sich darum, die Anzahl einer Menge nicht durch Abzählen, sondern durch einfaches „Hinsehen" zu ermitteln. Dies ist allerdings nur möglich, wenn es sich um wenige Objekte handelt. Erwachsene können die Anzahl einer Menge bis zu sechs Elementen durch bloßes „Hinsehen" ermitteln, bei größeren Mengen sind zusätzliche Strategien notwenig, wie etwa das geeignete Gliedern der Menge. Neueste Studien zeigen, dass die Zahlerfassung eine angeborene Fähigkeit ist und die Mehrzahl aller Schulanfänger diese Fähigkeit bei einer Menge bis zu fünf Elementen beherrscht.

Was wichtig ist

Da in der Mathematik viele Begriffe auf vorangegangenen grundlegenden Begriffen aufbauen, kann man jeden Begriff nur dann verstehen, wenn alle vorangegangenen Begriffe verstanden wurden. Es wird vermutet, dass die Simultanerfassung eine wichtige Voraussetzung für die Ausbildung des Mengenbegriffs ist und damit für das Erlernen des Rechnens notwendig.
Studien belegen, dass Kinder mit einer Rechenschwäche oft nicht über die Fähigkeit der Simultanerfassung verfügen, d.h. die Anzahl sehr kleiner Mengen von Zeichen, die ihnen nur kurz dargeboten werden, nicht auf einen Blick erfassen können. Dies ist auch dahingehend ein Problem, dass die Fähigkeit zur Simultanerfassung eng zusammenhängt mit der Fähigkeit, sich Mengen „vorzustellen". So können sich rechenschwache Kinder unter der Menge „zehn" keine Zehner-Gruppe vorstellen und haben somit folglich auch das Problem, die Zahl „38" als drei Zehner und acht Einer zu sehen. Diese Mengenvorstellung ist aber grundlegend für das Verständnis der Addition und Subtraktion und muss daher sicher entwickelt sein, um das Rechnen zu verstehen.

Was man machen kann

Wie viele Tierbeine sehe ich

Material: Papier, Stifte
Beschreibung: Zeichnen Sie auf Papier mehrere Tiere, die die Kinder kennen. Zeichnen Sie sie so, dass die Beine deutlich sichtbar sind. Fragen Sie die Kinder nun, wie viele Beine jedes Tier hat.

Wo ist Bauer Freds Lieblingskuh

Material: Papier, Stifte

Beschreibung: Zeichnen Sie auf jedes Papier eine Kuh mit schwarzen Flecken (oder verwenden Sie die Illustration unten als Kopiervorlage). Verteilen Sie die Flecken unterschiedlich: eine Kuh erhält einen Fleck, die nächste zwei Flecken usw. Sagen Sie nun den Kindern, dass Bauer Fred seine Lieblingskuh mit vier Flecken sucht und die Kinder sollen bei der Suche helfen. Zeigen Sie dazu den Kindern nacheinander jeweils nur kurz ein Bild einer Kuh. Die Kinder sollen Bescheid sagen, wenn sie die „richtige“ Kuh gefunden haben.

Die Ostereiersuche

Material: Papier, Stifte, Eierschachteln für zehn Eier, Plastikeier oder selbst bemalte Eier

Beschreibung: Stellen Sie Bildkarten her mit Bildern der Eier in unterschiedlicher Anzahl. Lassen Sie ein Kind eine Bildkarte ziehen und die Anzahl der Eier bestimmen. Nun kann das Kind entsprechend der Anzahl der gemalten Eier die gleiche Anzahl an Eiern in die Eierschachtel legen.

Variationen:

Lassen Sie die Kinder bestimmen, wie viele Eier noch fehlen, damit der Eierkarton voll ist.

- Die Bildkarten mit den unterschiedlichen Eieranzahlen können Sie natürlich auch nutzen, um die Eiermengen ordnen zu lassen.
- Wenn Sie z.B. zwei Bilder immer mit der gleichen Anzahl von Eiern bemalt haben, können Sie die Kinder die Paare suchen lassen.
- Die Eierbilder eignen sich auch hervorragend dazu, mit einem Partner ein „mehr/weniger"- Spiel zu spielen: Dazu decken zwei Kinder jeweils eine Bildkarte auf und vergleichen die Anzahlen der Eier miteinander. Je nach Spielziel hat das Kind gewonnen, das mehr oder weniger Eier auf seinem Bild findet.

Sortierte Äpfel zählen

Material: Kopiervorlage S. 90, Schere

Beschreibung: Schneiden Sie das Blatt an den dicken schwarzen Linien aus und zeigen Sie nun den Kindern die einzelnen Papierstreifen mit einer bestimmten Anzahl von Äpfeln. Diese sollen nun auf einen Blick erkennen, um wie viele Äpfel es sich jeweils handelt.

Hinweis:

Gerade für rechenschwache Kinder stellt die Struktur einer Menge eine gewisse Sicherheit beim Erfassen dar. Daher wird hier den Kindern eine Ordnung vorgegeben, so dass auch jüngere Kinder oder „Risikokinder" die Fähigkeit des simultanen Erfassens trainieren können.

Im Übrigen eignen sich alle Würfelspiele als Trainingsmaterialien zur Simultanerfassung.

Kopiervorlage: Sortierte Äpfel zählen

(zu „Sortierte Äpfel zählen", S. 89)

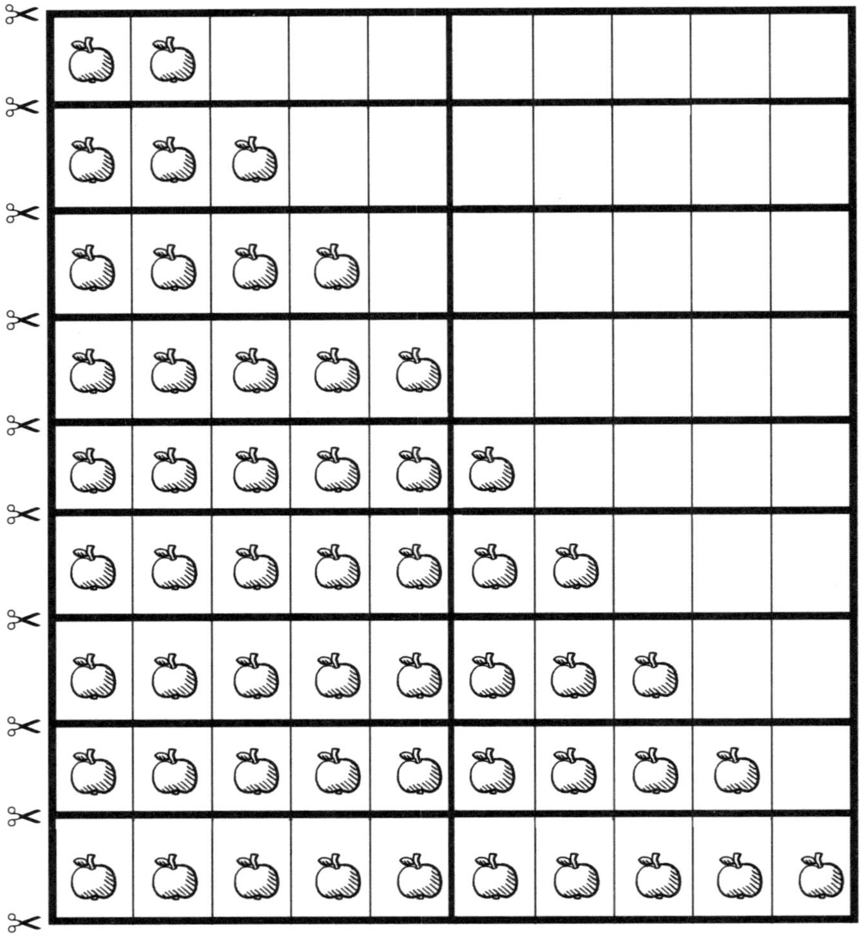

Die Streifen an den markierten Strichen ausschneiden.

3.3.6 Invarianz / Repräsentanz

Worum es geht

Unter der Anzahlinvarianz versteht man die Erkenntnis, dass sich die Mächtigkeit einer Menge durch die Umordnung der Elemente nicht ändert. Dies bedeutet, dass z. B. zwei Mengen unabhängig von ihrer Darstellung gleich sind. So sind z. B. zwei Mengen mit jeweils sechs Plättchen gleichmächtig, auch wenn in der einen Mengen sechs kleine Plättchen und in der anderen Menge sechs große Plättchen enthalten sind.
Repräsentanz ist die Erkenntnis, dass die Mächtigkeit einer Menge durch die Qualität der Elemente (Dicke, Größe) nicht beeinflusst wird. So sind drei weiche Wattebäuche mathematisch genauso viel wie drei harte Nägel. In den verschieden Phasen der kognitiven Entwicklung des Kindes werden verschiedene Invarianzkonzepte erworben, z. B. Objektkonstanz, Invarianz der Zahl, Invarianz der Länge, Fläche, Gewicht und Volumen.

Was wichtig ist

Jean Piaget prägte den Begriff der Invarianz. Er untersuchte pränumerische Leistungen von Kindern und kam zu dem Schluss, dass variante Kinder, die das Konzept der Invarianz noch nicht beherrschen, Mengen nicht nach der reinen Anzahl ihrer Objekte vergleichen, sondern sich noch an mächtigkeits-irrelevanten Kriterien orientieren wie z. B. der Größe der Objekte oder deren Beschaffenheit. So stellt der Vergleich von drei Wattekugeln und drei Nägeln die Kinder eher vor ein qualitatives, als ein quantitatives Problem.
Auch bei zwei Mengen (z. B. jeweils sechs Steine), die mittels der Eins-zu-Eins-Zuordnung einander zugeordnet waren und bei denen nun bei der einen Menge die Steine enger zusammengeschoben oder weiter auseinander gelegt werden, kann oft das Verhältnis beider Mengen zueinander nicht mehr bestimmt werden. Oft neigen Kinder dann dazu zu antworten, dass in der Menge, in der die Plättchen enger zusammengelegt wurden, nun weniger Objekte vorhanden seien.

Nach Piaget neigen solche „varianten" Kinder häufig dazu, eine Rechenschwäche auszubilden.
Die Verständnis der Invarianz ist grundlegend für die Zahlbegriffsentwicklung. Erst wenn Mehr-weniger-Relationen quantitativ definiert sind und nicht mehr durch qualitative Kriterien erschlossen werden, herrscht ein invariantes Mengenverständnis vor.

Was man machen kann

Bauwerke bestaunen

Material: eine große Menge Bausteine
Beschreibung: Lassen Sie die Kinder verschiedene Bauwerke herstellen, unter Verwendung immer der gleichen Anzahl von Bausteinen. Die Kinder können so erkennen, dass Bauwerke, die aus der gleichen Anzahl Steine gebaut wurden, nicht unbedingt gleich aussehen müssen.

Tonfiguren

Material: Ton oder Knete
Beschreibung: Mit Ton oder Knete wird die Invarianz anschaulich erfahrbar gemacht. Aus dem gleichen Stück Ton oder Knete lassen sich ganz unterschiedliche Figuren formen.

Perlenkette basteln

Material: Schnüre, Perlen zum Auffädeln
Beschreibung: Lassen Sie die Kinder Perlen auf eine Schnur auffädeln (maximal zehn) und schließen Sie die Schnur zu einer Kette, damit keine Perle herausfallen kann.
Lassen Sie nun die Kinder mit den Perlen spielen und weisen Sie sie auf die verschiedensten Anordnungsmöglichkeiten der Perlen hin – es bleiben immer zehn Perlen, unabhängig davon, in welcher Lage sie sich befinden.

Knöpfe auf Gummiband

Material: Gummiband, eine Menge verschiedener Knöpfe, Nähmaterial
Beschreibung: Nähen Sie auf ein Stück des Gummibandes eine bestimmte Anzahl von Knöpfen. Zeigen Sie den Kindern das Band und lassen Sie sie die Anzahl der Knöpfe bestimmen. Ziehen Sie anschließend das Band auseinander und lassen Sie die Kinder noch einmal über die Anzahl nachdenken. Sind es jetzt mehr Knöpfe als vorher – das Band ist doch länger geworden?

3.3.7 Herstellen von Eins-zu-Eins-Zuordnungen

Worum es geht

Der Gedanke der Eins-zu-Eins-Zuordnung besagt, dass zwei Mengen dann gleichmächtig sind, wenn jedem Element der einen Menge genau ein Element der anderen Menge zugeordnet werden kann, ohne dass in einer der beiden Menge Elemente übrigbleiben.
Diese Zuordnung lässt sich leicht mit Hilfe praktischer Aktivitäten erkunden. Wenn ein Kind z. B. ein Messer neben einen Teller legt, hat es das Konzept der Eins-zu-Eins-Zuordnung angewendet.

Was wichtig ist

Bereits vor Schuleintritt sollte ein Kind in der Lage sein, zwei Mengen mithilfe der Eins-zu-Eins-Zuordnung einander zuzuordnen und damit auch zu bestimmen, welche Menge größer oder kleiner ist bzw. ob beide Mengen gleich groß sind. Nach Piaget können jüngere Kinder eine Eins-zu-Eins-Zuordnung selbstständig herstellen, wenn die Mengen nicht über mehr als sechs Objekte verfügen.
Oft reicht es den Kindern jedoch nicht aus, dass jedes Objekt der einen Menge (z. B. jedes Plättchen) einen Partner aus der anderen Plättchenmenge hat. Sie müssen dann beide Mengen nachzählen und entscheiden so über die Zählergebnisse, ob in beiden Mengen gleich viele Plättchen sind.

Bei rechenschwachen Kindern besteht zudem das Problem, dass es ihnen oft nicht klar ist, dass bei einem Mengenvergleich „zwei mehr in der einen Menge“ auch automatisch „zwei weniger in der anderen Menge“ bedeutet.

Was man machen kann

Tisch decken

Material: Tisch, Geschirr, Besteck
Beschreibung: Lassen Sie die Kinder den Tisch für z. B. 5 Personen decken. Jeder Gast erhält einen Teller, eine Gabel, ein Messer und ein Glas.

Ich habe genauso viele

Material: abzählbare, gleichartige Menge von Gegenständen z. B. Bausteine, Nüsse, Perlen . . .
Beschreibung: Legen Sie eine bestimmte Anzahl der Nüsse (alle von der gleichen Sorte!) vor das Kind. Lassen Sie das Kind nun ebenso viele Nüsse dazulegen.

Jedes Kind braucht seinen Platz

Material: gleiche Anzahl Stühle wie Kinder mitspielen
Beschreibung: Die Kinder stellen sich im Kreis auf und Sie bestimmen ein Kind, das allen anderen Mitspielern genau einen Stuhl hinstellen soll.
Hinweis:
Kinder mit einer Rechenschwäche können oft nicht für eine bestimmte Anzahl von Kindern Stühle bereitstellen. Beobachten Sie daher zukünftige Schulkinder genauer beim Erbringen dieser Leistungen.

Gleich viel
Material: ein Beutel z. B. mit Kastanien gefüllt und ein Beutel gefüllt mit z. B. Nüssen – entscheiden Sie, ob in beiden Beuteln gleich viele Gegenstände sind.

Beschreibung: Geben Sie einem Kind die Beutel und fragen Sie es, ob in den zwei Beuteln gleich viele Gegenstände sind. Das Kind soll zunächst durch Fühlen zu einer Einschätzung gelangen.
Dann lassen Sie das Kind die Beutel ausschütten und seine Theorie (z. B. „mehr Nüsse") erklären. Wie gelangt das Kind zu diesem Ergebnis? Zählt es die Nüsse und die Kastanien? Oder legt es sie im Sinne einer Eins-zu-Eins-Zuordnung immer einander gegenüber? Lassen Sie das Kind erklären, wie es zu seiner Lösung gekommen ist.
Sind in den Beuteln unterschiedlich viele Gegenstände, lassen Sie das Kind bestimmen, in welchem Beutel mehr sind (Wie viel mehr sind es?).

Babys und Fläschchen

Material: Kopiervorlage S. 96, Stifte
Beschreibung: Bei diesem einfachen Zuordnungsspiel geht es darum, jedem Baby genau eine Flasche Milch zuzuordnen.

Tierbabys

Material: Kopiervorlage S. 96, Stifte
Beschreibung: Ein weiteres leichtes Zuordnungsspiel: Hier geht es darum, jedem Tierbaby seine Mutter zuzuordnen.

Tiere haben Hunger

Material: Kopiervorlage S. 97, Stifte
Beschreibung: Bei diesem Spiel geht es darum, jedem Tier etwas zu fressen zu geben und dabei die entsprechende Anzahl von Tieren dem Futter zuzuordnen.

Bienenfleißig

Material: Kopiervorlage S. 97, Stifte
Beschreibung: Zu den Bienen soll jeweils die gleiche Anzahl Blüten zugeordnet werden.

Kopiervorlage: Eins-zu-eins-Zuordnung I

(zu „Babys und Fläschen“ und „Tierbabys“, S. 95)

Oben: Jedem Baby genau eine Flasche Milch zuordnen.
Unten: Tierbaby und Mutter verbinden.

Kopiervorlage: Eins-zu-eins-Zuordnung II

(zu „Tiere haben Hunger“ und „Bienenfleißig“, S. 95)

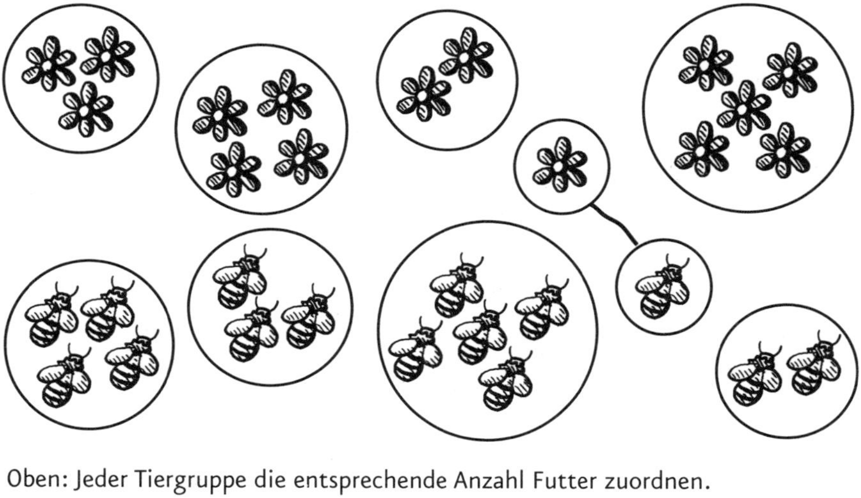

Oben: Jeder Tiergruppe die entsprechende Anzahl Futter zuordnen.
Mit Strichen verbinden.
Unten: Den Bienen die entsprechende Anzahl Blüten zuordnen.

3.3.8 Messen

Worum es geht

Bei dem Thema „Messen“ geht es darum, sich mit Relationen wie größer/kleiner auseinander zu setzen, zeitliche Begriffe zu erwerben (heute, gestern, vor zwei Stunden ...), Volumen zu vergleichen oder auch Begriffe wie schwerer und leichter durch verschiedene Aktivitäten kennen zu lernen.

Was wichtig ist

Eine der praktischsten Anwendungen von Mathematik im täglichen Leben ist Messen. Im Kindergarten sollte das Augenmerk darauf gelegt werden, Kindern zu helfen, Attribute wie Länge, Größe, Volumen, Zeit und Gewicht zu verstehen. Verwenden Sie dazu den Wortschatz, der mit Länge, Höhe, Volumen, Zeit und Gewicht verbunden ist, um Gegenstände zu vergleichen. Beispiele: länger als, so lang wie, kürzer als, so kurz wie, höher als, so hoch wie ... Die Fähigkeit des Messens gehört zu dem mengenbezogenen Vorwissen, über das Kinder bei Eintritt in die Schule sicher verfügen sollten.

Was man machen kann

Wir ernten Erdbeeren

Material: Erdbeerfelder zum Selberpflücken, Waage, Maßbänder, Schüsseln für alle Kinder

Beschreibung: Schüsseln voller Erdbeeren – da können kleine Erntehelfer wiegen, messen, vergleichen, sortieren und natürlich auch essen. Jedes Kind kann zunächst seine Erdbeeren wiegen – wie viel Kilogramm sind es? Hat Peter mehr oder weniger? Wer hat die dickste Erdbeere gefunden (dazu kann man z. B. auch ein Maßband um die Erdbeeren legen – dann gibt es keine ungenauen Schätzungen, sondern genaue Angaben)?

Wer hat die kleinste Erdbeere? Jedes Kind kann natürlich auch eine Handvoll Erdbeeren der Größe nach sortieren oder auch z. B. nur eine Erdbeere wiegen. Es besteht auch die Möglichkeit, dass die Kinder ihren Schüsselinhalt jeweils in ein anderes Gefäß schütten, z. B. einen Eimer. Lassen Sie die Kinder dabei beobachten, wie sich der Inhalt des Eimers beim Einfüllen ändert.

Hinweis:

Es gibt viele Möglichkeiten, Mathematik im täglichen Leben anzuwenden – selten aber wohl eine so süße!

Froschhüpfen

Material: Platz zum Hüpfen, Klebeband, Stifte

Beschreibung: Lassen Sie jedes Kind einen riesigen „Froschsprung" machen und markieren Sie mit Klebeband die Aufsprungstelle. Schreiben Sie den Namen des Kindes, das gesprungen ist, auf das Klebeband. Nachdem alle Kinder gesprungen sind, kann nun verglichen werden: Wer ist weiter gesprungen als die Erzieherin, wer hat den weitesten Sprung geschafft usw.

Meine Maßzahlen

Material: Papier, Stifte, Klebestift, Wolle

Beschreibung: Damit die Kinder ihre körpereigenen Messwerte kennen lernen, können sie sich gegenseitig vermessen: Kopfumfang, Beinlänge, Daumenlänge, Haarlänge usw. Am besten ist es hierbei, wenn zwei Kinder zusammenarbeiten: das eine Kind wird vermessen und das andere Kind misst aus, indem es einen Wollfäden in der Länge des zu messenden Körperteiles abschneidet. Das gemessene Kind kann anschließend den Wollfaden neben eine Zeichnung des Körperteiles kleben.

Variation:

- Natürlich können die Kinder diese Aufgabe auch zu Hause mit anderen Dingen weiterführen: dem Hund, dem Schreibtisch . . .
- Statt Wolle können auch Papierstreifen in der passenden Länge geschnitten und eingeklebt werden.

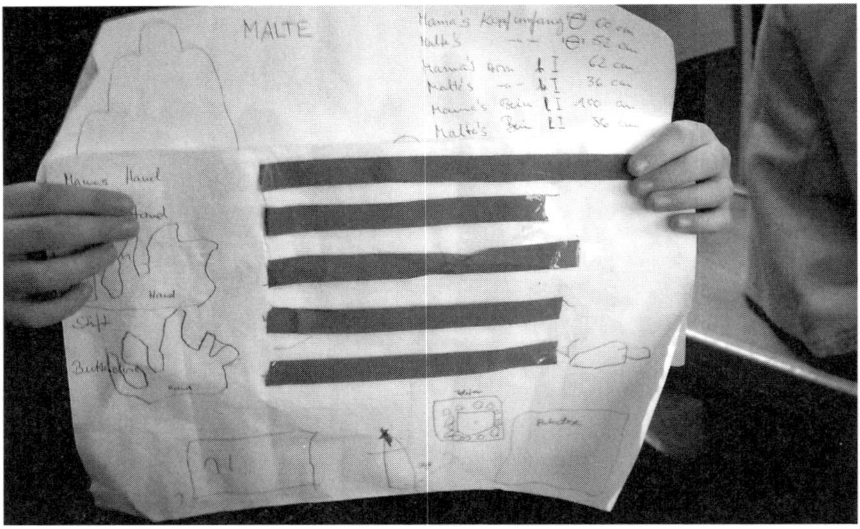

Wir erstellen einen Kindergartenplan

Material: Papier, Stifte, Maßbänder oder Metermaße

Beschreibung: Gehen Sie mit den Kindern auf eine Exkursion durch die Räume des Kindergartens und erstellen Sie dabei einen Wegplan der Räumlichkeiten: Lassen Sie die Kinder zunächst einen Raum aufzeichnen, z. B. ihren Gruppenraum. Danach gehen Sie mit den Kindern zum nächsten Raum und zählen entweder dabei die Schritte oder messen den Weg ab. Die entsprechende Länge können Sie dann gemeinsam mit den Kindern auf den Zetteln notieren. So können Sie den gesamten Kindergarten „längenmäßig“ erkunden und erhalten zum Schluss einen vollständigen Lageplan der einzelnen Räume und ihrer Entfernung zueinander.

3.3.9 Zahlwissen

Worum es geht

Wird im Kindergartenbereich von „Zahlenwissen" gesprochen, so versteht man darunter das Erkennen der Zahlbilder bis zur zehn, die Fähigkeit, Zahlen von Geldstücken zu benennen, das Zuordnenkönnen von Zahlbildern zu akustisch vorgegebenen Zahlen im Zahlenraum bis zwanzig und einfache Rechenaufgaben.

Was wichtig ist

Wir bereits im vorhergehenden Kapitel erwähnt, ist das Zahlenwissen eine Voraussetzung, die Schüler zu Beginn der Grundschule mitbringen sollten. Die Studie von Krajewski (siehe S. 45) bestätigte, dass das Zahlenwissen mit anderen Fähigkeiten zusammen als spezifischer Prädiktor der Mathematikleistung angesehen werden kann. Das Training dieser Fähigkeit und die Überprüfung des Wissens im Bereich „Zahlenwissen" dienen als Hinweis auf das Erkennen des Risikos einer möglichen Rechenschwäche.

Was man machen kann

Zahlen mit Mund und Nase

Material: Stifte, Papier
Beschreibung: Zeichnen Sie den Kindern ein „Zahlenmännchen" auf ein Blatt Papier. Kleinere Kinder können die Figur ausmalen, größere versuchen, die Zeichnung nachzumalen.

- Tiere werden von Kindern heiß und innig geliebt. Nutzen Sie also diese Liebe, um den Kindern die Zahlen in einem positiven Kontext nahe zu bringen. Dazu können Sie auch jeweils eine gewisse Anzahl von Tieren (z. B. fünf Schmetterlinge) auf ein Blatt Papier malen (oder auch als Foto einkleben) und das Zahlzeichen „5" dazuschreiben. So lernen Kinder, dass eine Zahl – wie hier die „5" – zusammenhängt mit einer gewissen Anzahl von Objekten – hier die fünf Schmetterlinge.

Hinweis:
Weitere Ideen, Zahlenbilder im Kindergarten einzuführen, finden sich unter anderem im Internet unter:
www.edhelper.com/kindergarten/Kindergarten.htm
www.first-school.ws/theme/numbers_preschool_printables.htm
www.dltk-kids.com/numbers/trace.htm

Zahlen, Zeichen, Mengen

Material: Kopiervorlage S. 110, Stifte, je nach Variation noch Kleber und Schere

Beschreibung: Um den Kindern den Zusammenhang zwischen Zahlzeichen, geschriebenem Zahlwort und der entsprechenden Anzahl von Objekten nahe zu bringen, teilen Sie an alle teilnehmenden Kinder die Kopiervorlage aus. Gehen Sie nun nacheinander mit den Kindern die Zahlen von Null bis neun durch und erklären Sie ihnen die Zahl, Zahlwort und was beide mit der Menge dahinter zu tun haben. Lassen Sie die Kinder jede Zeile in einer anderen Farbe ausmalen, so dass ihnen klar wird, welche Begriffe zueinander gehören.

Variation:
Stellen Sie fest, dass die Kinder die Grundzuordnung verstanden haben, können Sie die Aufgabe folgendermaßen abändern: Kopieren Sie die Vorlage für jedes Kind und schneiden Sie (oder die Kinder) entlang der Linien das Papier auseinander. Sie erhalten so zehn Zahlzeichen ebenso viele Zahlwörter und zehn Mengenbilder. Lassen Sie die Kinder nun die entsprechenden Zahlzeichen, Zahlwörter und Mengen wieder zueinander finden und nebeneinander aufkleben.

Malen nach Zahlen

Material: Kopiervorlagen oder selbst entwickelte Bilder zum Verbinden von Zahlen zu einem Gesamtbild, Stifte
Beschreibung: Geben Sie jedem Kind eine entsprechende Vorlage auf der es die Zahlen von eins bis . . . miteinander verbinden soll, um so ein komplettes Bild zu erhalten. Achten Sie dabei auf das jeweilige Alter der Kinder. Kleine Kinder sollten Vorlagen mit weniger Zahlen erhalten (z. B. die Zahlen von eins bis fünf), größere Kinder können durchaus die Zahlen von eins bis zehn verbinden (Eine Beschränkung nach oben gibt es nicht! Falls ein Kindergartenkind solche Bilder gerne mit Zahlen von eins bis zwanzig – oder auch darüber – malen möchte, geben Sie ihm die Gelegenheit dazu).
Hinweis:
Kopiervorlagen zu diesem Thema gibt es in jedem gut sortierten Buchhandel oder auch im Internet.

Anzahlen zeichnen

Material: Papier, Stifte, je nach Bedarf ein Würfel
Beschreibung: Malen Sie verschiedenen Gegenstände auf ein Blatt Papier, z. B. einen Mond, ein Gesicht, ein Herz und eine Blume. Geben Sie jedem Kind nun eine Kopie des Blattes und verschiedene Stifte. Danach bestimmen Sie eine Zahl, z. B. die „4", und bitten Sie die Kinder, vier Objekte farbig anzumalen.
Variationen:

- Bitten Sie die Kinder, 2 Blätter einer Blüte auszumalen . . . Die Anzahl der Teile eines Gegenstandes, die bemalt werden müssen, können natürlich auch mit einem Würfel ermittelt werden.
- Wenn Sie dieses Spiel mit älteren Kindergartenkindern durchführen, können Sie auch zwei Würfel benutzen und die Würfelpunkte zusammenzählen lassen.

Zahlenbilder

Material: Papier, Stifte, Kleber, Zeitungen/Kataloge
Beschreibung: Um den Kindern den Bezug der Zahlzeichen zu einer Menge und auch zu unserem Alltag nahe zu bringen, eignet sich die Idee der „Zahlenbilder“: Zunächst entscheiden Sie sich dafür, ob Sie mit einer beliebigen Zahl beginnen wollen, oder ob sie bei der Zahl Eins starten möchten. Beachten Sie dabei auch das Alter und den Wissensstand der teilnehmenden Kinder. Nachdem Sie sich nun für eine Zahl, z. B. die „2“, entschieden haben, lassen Sie die Kinder das Zahlzeichen auf ein Blatt Papier malen, einigen Kindern müssen Sie eventuell dabei helfen. Nun überlegen Sie gemeinsam mit den Kindern, wo sich die Zahl 2 in unserem Alltag verbirgt: vielleicht liegen 2 (!) Stifte vor einem Kind oder ein 2-Cent-Stück; vielleicht teilt Ihnen ein Kind auch mit, dass es 2 (!) Geschwister hat oder der Vogel 2 Beine, ... Nachdem viele Hinweise auf die „2“ im Alltag gefunden wurden, lassen Sie die Kinder aus Katalogen/Zeitschriften die Hinweise ausschneiden und auf ihr Blatt mit der Zahl 2 kleben. Natürlich können die Kinder auch entsprechende Zusammenhänge, z. B. die zwei Geschwister, malen ...
Hinweis:
Bestimmen Sie die Menge der Zahlenbilder und damit auch die jeweils gewählte Zahl nach dem Alter bzw. Vorwissen der Kinder.
Variation:
Wenn Sie das Projekt über einen längeren Zeitraum durchführen und somit also einige Zahlenbilder mit den Kindern entworfen haben, könnten Sie die Bilder aufsteigend sortieren und zu einem Büchlein zusammenheften lassen.

Zahlentiere

Material: Kopiervorlage S. 111
Beschreibung: Zeigen Sie den Kindern die Tiere und lassen Sie sie raten/erkennen, welche Zahlen in den Tieren versteckt sind.
Hinweis:
Mit den „Zahlentieren“ kann überprüft werden, ob beim jeweiligen Kind eine differenzierte Wahrnehmung in dem Bereich der Figur-Grund-Wahrnehmung vorliegt und eventuell trainiert werden sollte.

Wer einen Buchstaben, eine Zahl oder ein Wort im Textgewirr wiederfinden will, darf sich nicht von den übrigen Reizen ablenken lassen.
Diese so genannte Figur-Grund-Wahrnehmung ist die grundlegende Voraussetzung aller Wahrnehmung. Nur das, was sich deutlich abhebt, kann als eigenständiges Objekt wahrgenommen werden.
Die Figur-Grund-Wahrnehmung ist für die Mathematik bedeutsam beim simultanen Erkennen von Mengen und bei der Unterscheidung von wichtigen und unwichtigen Bestandteilen eines Bildes oder einer Aufgabe.
Ist diese Wahrnehmung beeinträchtigt, hat das Auswirkungen auf die Konzentration, die Aufmerksamkeit und das Lesen und Schreiben.

Welche Zahl kommt danach

Material: Kopiervorlage Seite 112, Stifte
Beschreibung: Mithilfe der Kopiervorlage können Sie den Kindern den Begriff des „Nachfolgers" erklären. Teilen Sie an jedes Kind eine Vorlage und Stifte aus und lassen Sie die Kinder die fehlenden Zahlen ergänzen.
Variation:

- Wenn Sie das gleiche Spiel mit jüngeren Kindern durchführen möchten, können Sie statt Zahlen z. B. Spielzeuge in der passenden Anzahl in den Zug malen. Beginnen Sie dabei bei dem Waggon, der nur ein Spielzeug geladen hat und gehen Sie von dort aus weiter.
- Selbstverständlich können Sie die gleiche Idee auf den „Vorgänger" also die Frage „Welche Zahl kommt davor?" anwenden.

Zahlen aus Bausteinen

Material: viele Bausteine mit unterschiedlichen Farben, Vorlagen der Zahlzeichen
Beschreibung: Bausteine sind ein fester Bestandteil im Elementarbereich und eignen sich auch hervorragend, um die Zahlzeichen spielerisch einzuführen. Geben Sie den Kindern dazu eine Menge Bausteine und Vorlagen der Zahlzeichen, damit sie sich daran orientieren können. Nun sollen die Kinder versuchen, mithilfe der Bausteine, Zahlen nachzubauen.

Zahlenleiter

Material: Holzlatten, Stifte, Leim
Beschreibung: Bauen Sie aus den Holzlatten eine Leiter, die sich für Kinderhände eignet. Beschriften Sie jede Sprosse der Leite auf einer Seite mit einer Zahl von 1 bis 10. Lassen Sie die Kinder zunächst mit der Leiter Erfahrungen sammeln und bitten Sie sie, mit den Fingern die Sprossen hoch und runter zu gehen.
Danach geben Sie, je nach Alter und Wissensstand der Kinder, konkrete Anweisungen wie: „Lege deinen Finger auf die Sprosse mit der Zahl 5!" „Wandere mit deinem Finger von der ersten bis zur fünften Sprosse!" . . .

Hinweis:
Da auf der einen Seite der Sprosse keine Zahlen stehen, können Sie überprüfen, welche Stufe des Zahlbegriffes ein Kind bereits erklommen hat: Lassen Sie das Kind auf der nicht nummerierten Seite eine bestimmte Sprosse finden (mit Zählen oder ohne). Das Kind selbst kann auf der Vorderseite der Leiter sein Ergebnis kontrollieren.

Zahlengeschichte

Material: Eine Geschichte für Kinder, in der die Zahlen von eins bis zehn vorkommen; festes Papier oder Karton, Stifte
Beschreibung: Schreiben Sie zunächst jeweils eine Zahl auf ein großes Blatt Papier oder einen Karton. Teilen Sie nun die einzelnen Blätter an die Kinder so aus, dass jedes Kind ein Blatt erhält. Sprechen Sie mit den Kindern über die Zahlen, die auf den Blättern stehen und geben Sie ihnen folgende Anweisung: „Ich werde euch nun eine Geschichte erzählen, bei der ihr gut zuhören müsst. In der Geschichte kommen Zahlen vor und ihr alle habt ja auch Zahlen in euren Händen. Wenn ihr nun die Zahl in der Geschichte hört, die ihr in der Hand haltet, müsst ihr eure Zahl schnell hochhalten!"

Hinweis:
Passen Sie die Länge der Geschichte und die Häufigkeit der vorkommenden Zahlen an das Alter und die Anzahl der teilnehmenden Kinder an.

Zahlenschrank

Material: kleiner Schrank mit mehreren Schubladen (finden Sie bei Ikea oder in Baumärkten), Moosgummi für die Zahlen oder Farben (je nachdem, ob Sie die Zahlen aufkleben oder aufmalen wollen), Füllmaterial für den Schrank (siehe Beispiele)
Beschreibung: Bauen Sie mit den Kindern den Zahlenschrank nach. Steht er einmal im Kindergarten, werden selbst die Kleinsten Interesse an dem „merkwürdigen" Schrank mit seinen Zahlen finden und somit bekommen auch die Jüngsten die Möglichkeit, einen ersten Bezug zur Mathematik aufzunehmen.
Um die Gegenstände zu besorgen, die in die Schubladen gehören, können Sie mit den Kindern eine Zahlen-Expedition im Kindergarten durchführen. Nachdem die Kinder die eigentliche Idee verstanden haben, werden sie sicher viele Ideen auf dem Streifzug entwickeln.

Einige Beispiele zur Füllung des Zahlenschranks:

1: ein Ding, ein Cent, ...
2: ein Paar Bauklötze o. Ä.
3: ein kleines Dreirad, ein Dreieck
4: ein Buch über die 4 Jahreszeiten, ein Auto
5: eine Puppe mit 5 Fingern
6: ein Würfel mit 6 Seiten
7: die Zwerge von Schneewittchen
8: ein Achteck, eine Spinne
13: ein „Unglücksrabe"
60: eine Uhr mit Sekundenzeiger

Spiele mit Geld

Material: Spielgeld in Form der Euromünzen und Scheine, Kaufladen oder Post u. Ä.
Beschreibung: Die beste Möglichkeit, Kindern den Umgang mit Geld und Geldwerten näher zu bringen, bietet z. B. der Kaufladen (oder die Spielpost, ein Spielgeschäft o. Ä.). Hier können die Kinder die Geldscheine und -münzen kennen lernen, ihren Wert erfahren lernen uvm.

Zahlenquartette

Einfache Zahlenquartette spielen
Material: *Quartettkarten (Kopiervorlage S. 113)*
Beschreibung: Spielen Sie das Zahlenquartett mit den teilnehmenden Kindern, um die Zahlen in den verschiedenen Darstellungsformen kennen zu lernen.

Einfache Zahlenquartette herstellen
Material: Papier, Stifte, Scheren
Beschreibung: Stellen Sie mit den Kindern Zahlenquartette selbst her. So lernen die Kinder die Beziehung des Zahlwortes zu ihrem Wert besser kennen. Selbstverständlich können sie bei größeren Kindern den Zahlenraum auch erweitern.

Kopiervorlage: Zahlen, Zeichen, Mengen

(zu „Zahlen, Zeichen, Mengen“, S. 102)

0	NULL	
1	EINS	
2	ZWEI	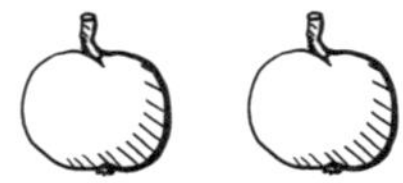
3	DREI	
4	VIER	
5	FÜNF	
6	SECHS	
7	SIEBEN	
8	ACHT	
9	NEUN	

a) Jede Zeile in einer anderen Farbe ausmalen.

b) An den Linien auseinander schneiden, die Einzelteile wieder zuordnen und aufkleben.

Kopiervorlage: Zahlentiere

(zu „Zahlentiere“, S. 104)

Welche Zahlen haben sich hier versteckt?
Mit einem dicken Buntstift nachzeichnen.

Kopiervorlage: Welche Zahl kommt danach?

(zu „Welche Zahl kommt danach?", S. 105)

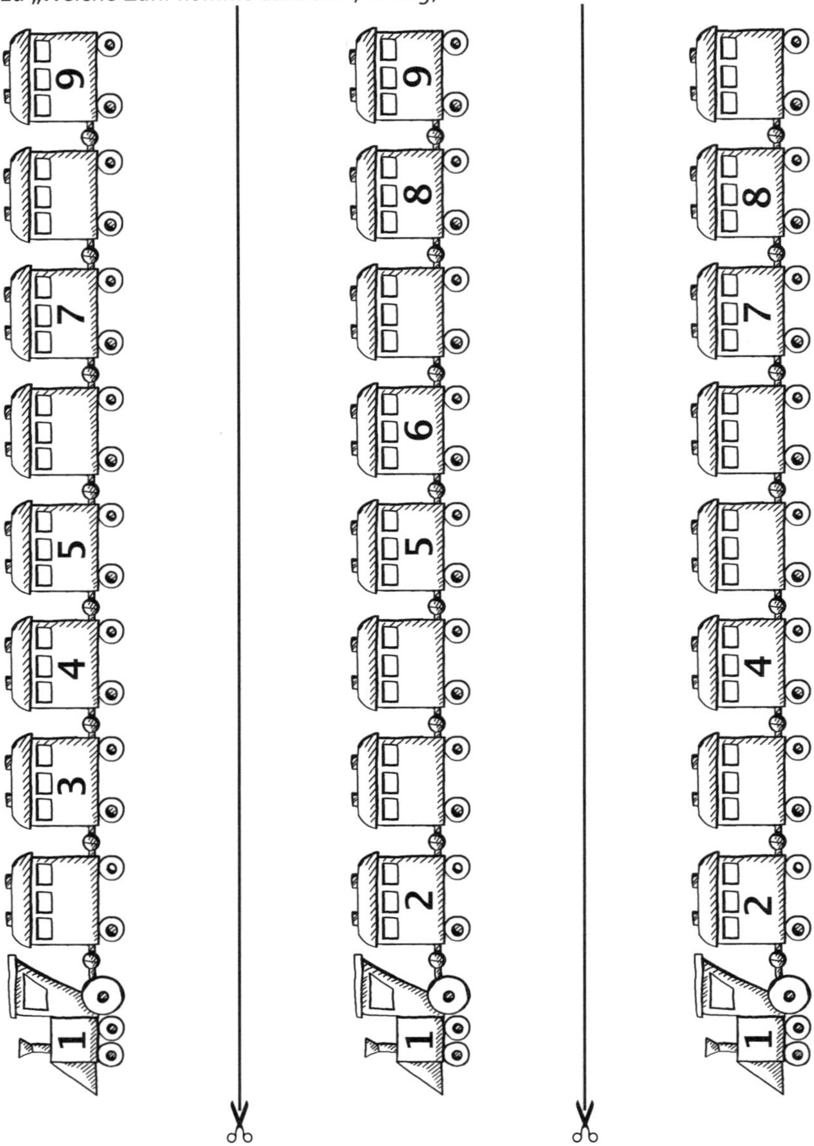

Die Züge an den markierten Linien ausschneiden. Hier müssen jeweils die fehlenden Zahlen ergänzt werden.

Kopiervorlage: Zahlenquartett

(zu „Zahlenquartette“, S. 109)

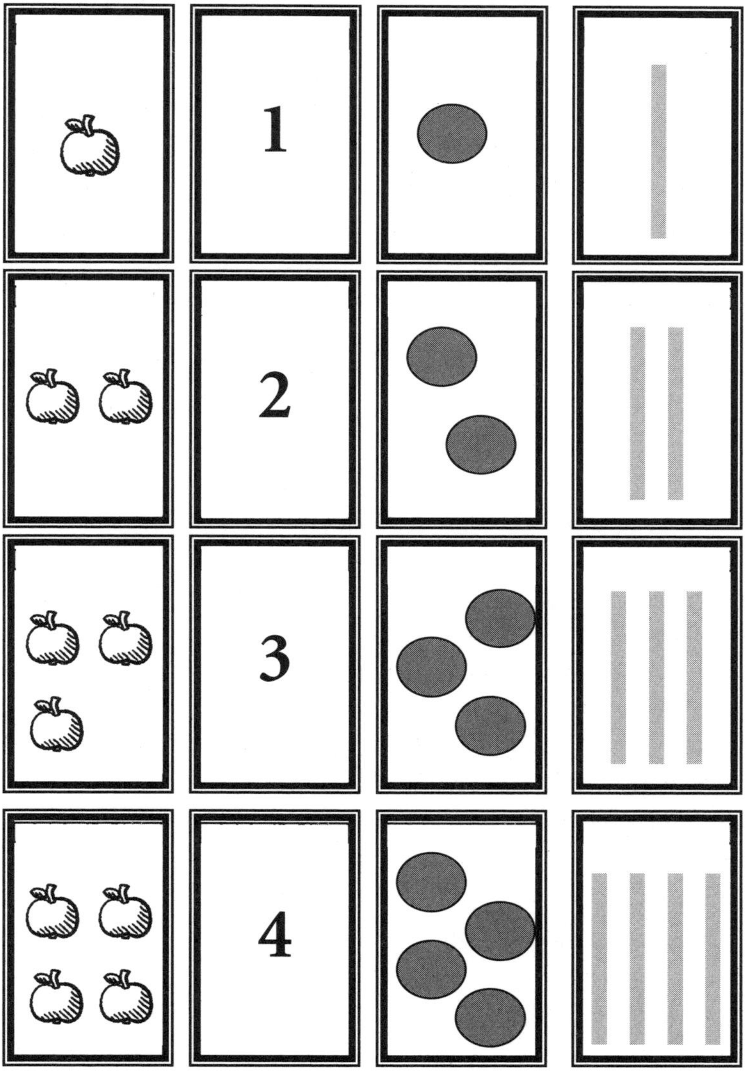

Auf festes Papier kopieren und ausschneiden.

3.4. Beobachtungsbogen zur Erfassung mathematischer Vorläuferfähigkeiten im Elementarbereich

Mit Hilfe dieses Testes, dem der Test der pränumerischen Einsichten des Zentrums zur Therapie der Rechenschwäche (ZTR Potsdam) zugrunde liegt und der im Projekt K3 des saarländischen Kultusministeriums unter meiner Leitung weiterentwickelt wurde, können Sie den aktuellen Lernstand eines Kindes vor Beginn der Grundschulzeit überprüfen und gegebenenfalls Lücken erkennen und ausarbeiten. Die Liste erhebt keinen Anspruch auf Vollständigkeit, kann aber durchaus als Gradmesser mathematischer Vorläuferfähigkeiten dienen. Die genannten Untersuchungsobjekte (Mengenplättchen, Bausteine etc.) werden hier als Beispiele ausgeführt, die Sie je nach Situation natürlich selbstständig variieren können.

Zur Durchführung des Tests benötigen Sie neben Papier, Stiften und einem stillen Arbeitsraum noch folgende Materialien:

- große und kleine Mengenplättchen (diese können Sie natürlich auch selbst herstellen oder kopieren und einlaminieren),
- Bilder mit Punktmengen von eins bis sechs,
- Spielmaterialien wie Perlen, Bauklötze, Formen,
- eine Glocke, Hupe und ähnliche Gegenstände, um Geräusche zu produzieren oder eine entsprechende CD,
- großes Bild mit einer Fülle weiterer eingearbeiteter Gegenstände.

Beobachtungsbogen zur Erfassung der pränumerischen Einsichten eines Vorschulkindes

Autor: Petra Naumann-Kipper

Name des Kindes: ______________________

Geburtsdatum: ______________________

Testdatum: ______________________

1. *Untersuchung der Fähigkeit zur Klassifikation*

1.1 Anweisung

Legen Sie dem Kind Spielmaterialien vor, die eine Gemeinsamkeit aufweisen (wie z. B. verschiedene Arten von Perlen). Es wird untersucht, ob das Kind gemeinsame Merkmale bei Spielmaterialien erkennen kann.

Fragen Sie nun das Kind:

„Welche Eigenschaft haben alle diese Dinge gemeinsam?"

Protokollieren Sie die Antwort des Kindes:

- ❑ keine Gemeinsamkeit erkannt
- ❑ gemeinsame Eigenschaft erkannt
- ❑ andere Antwort: ______________________

1.2 Anweisung

Lassen Sie das Kind Gegenstände aufgrund eines bestimmten Merkmals finden. Kann das Kind nach Anweisung Gegenstände in verschiedenen Farben, Formen und Ausdehnungen (groß, klein, dick, dünn, lang, kurz) zeigen?

Anmerkung: An dieser Stelle wurden nur Kriterien zur räumlichen Ausdehnung betrachtet. Entsprechende Tests zu Farb- und Formwahrnehmung sind entsprechend zu ergänzen.

Zeige mir bitte . . .

. . . einen großen Bauklotz

gezeigtes Objekt:

- ❑ verhältnismäßig groß
- ❑ eher klein
- ❑ nicht gefunden

. . . einen kleinen Bauklotz

gezeigtes Objekt:

- ❑ verhältnismäßig klein
- ❑ eher groß
- ❑ nicht gefunden

. . . ein dickes Buch

gezeigtes Objekt:

- ❑ verhältnismäßig dick
- ❑ eher dünn
- ❑ nicht gefunden

. . . ein dünnes Buch

gezeigtes Objekt:

- ❑ verhältnismäßig dünn
- ❑ eher dick
- ❑ nicht gefunden

. . . einen langen Stift

gezeigtes Objekt:

- ❑ verhältnismäßig lang
- ❑ eher kurz
- ❑ nicht gefunden

. . . einen kurzen Stift

gezeigtes Objekt:

- ❑ verhältnismäßig kurz
- ❑ eher lang
- ❑ nicht gefunden

1.3 Anweisung

Geben Sie dem Kind eine Menge von Gegenständen (z. B. geometrische Formen), die nach objektiven Kriterien zu klassifizieren sind. (z. B. „alle roten Formen") und Gegenstände, die nicht in diese Ordnung passen. Kann es diese auch nach objektiven Kriterien ordnen oder benutzt es nur subjektive Kriterien?

„Bitte ordne die Dinge, die vor dir liegen!"

Das Kind

- ❑ kann die Gegenstände nach dem genannten Kriterium ordnen
- ❑ ordnet nach subjektiven Kriterien: ____________________
- ❑ hat Probleme: ______________________________

2. *Raumwahrnehmung*

2.1. Anweisung

Überprüfen Sie, ob das Kind Begriffe wie oben/unten/vor/links/rechts usw. nach Aufforderung richtig benutzen kann (z. B. „Lege den Baustein **unter** den Tisch!").

Lege den Baustein . . .

. . . unter den Tisch

- ❑ kann den Gegenstand an richtige Position bringen
- ❑ legt den Gegenstand auf den Tisch
- ❑ legt den Gegenstand: ______________________________

. . . nach oben

- ❑ kann den Gegenstand an richtige Position bringen
- ❑ legt den Gegenstand nach unten
- ❑ legt den Gegenstand: ______________________________

. . . vor dich

- ❑ kann den Gegenstand an richtige Position bringen
- ❑ legt den Gegenstand: ______________________________

. . . vor mich

- ❑ kann den Gegenstand an richtige Position bringen
- ❑ hinter die Testperson
- ❑ legt den Gegenstand: ______________________________

. . . links neben dich

- ❑ kann den Gegenstand an richtige Position bringen
- ❑ legt den Gegenstand nach rechts
- ❑ legt den Gegenstand: ______________________________

. . . rechts neben dich

- ❑ kann den Gegenstand an richtige Position bringen
- ❑ legt den Gegenstand nach links
- ❑ legt den Gegenstand: ______________________________

2.2. Anweisung

Überprüfen Sie, ob das Kind aus einem Bild mit verschiedenen Objekten jedes einzelne Objekt herausfiltern und erkennen kann (visuelle Figur-Grund-Wahrnehmung). Zeigen Sie ihm dazu ein großes Bild mit einer Menge von detaillierten Informationen und benennen Sie einen Gegenstand, den das Kind finden soll.

Das Kind

- ❑ kann den Gegenstand zeigen
- ❑ findet den Gegenstand erst nach längerem Suchen
- ❑ findet den Gegenstand nicht

2.3. Anweisung

Überprüfen Sie, ob das Kind aus einer Fülle von Geräuschen ein einzelnes heraushören kann (auditive Figur-Grund-Wahrnehmung). Dazu können Sie entsprechende CDs benutzen oder Sie sorgen selbst für eine Geräuschkulisse.

Das Kind

- ❑ kann den Gegenstand heraushören
- ❑ hört den Gegenstand nicht heraus

3. *Seriation*

3.1. Anweisung

Überprüfen Sie, ob das Kind z. B. drei unterschiedlich hohe Bausteine in eine Reihenfolge bringen kann. Legen Sie ihm dazu drei Holz-Bausteine in unterschiedlicher Höher vor:

„Ordne diese Bausteine bitte von „klein nach groß“!“

Das Kind

- ❑ ordnet die Gegenstände richtig
- ❑ ordnet von „groß nach klein“
- ❑ kann Gegenstände nicht ordnen
- ❑ ______________________________

3.2. Anweisung

Überprüfen Sie, ob das Kind Punktmengen von Eins bis sechs (auf Kärtchen) in eine Ordnung bringen kann.

„Ordne diese Kärtchen bitte von wenig Punkten nach mehr Punkten!“

Das Kind

❑ ordnet die Kärtchen richtig von „wenig nach viel“

❑ ordnet umgekehrt – von „viel nach wenig“

❑ ordnet ein Teil der Kärtchen richtig, macht aber dazwische Fehler

❑ kann die Kärtchen nicht ordnen

❑ ______________________________

4. *Mengenvergleich*

4.1. Anweisung

Überprüfen Sie, ob das Kind Begriffe wie mehr – weniger – gleich viel – viel – wenig richtig benutzen kann. Dazu legen Sie zwei Mengen mit der gleichen Anzahl von Plättchen vor das Kind. Anschließend legen Sie in einer Reihe ein weiteres Plättchen dazu, ohne dass das Kind das beobachten kann:

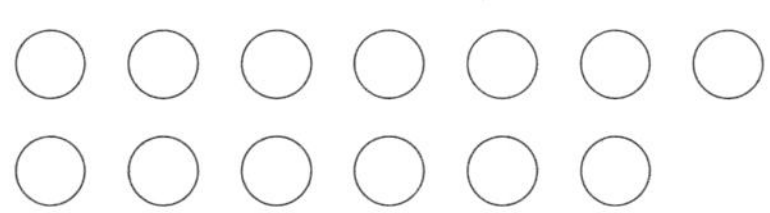

„In welcher Reihe liegen mehr Plättchen und um wie viele sind es mehr?“

Antwort:

❑ oben mehr

❑ unten mehr

❑ gleich viel

❑ ______________________________

Es sind ________ mehr.

4.2. Anweisung

Überprüfen Sie nun, ob das Kind in der Lage ist, die Gleichmächtigkeit der Mengen wieder herzustellen. Geben Sie dem Kind dazu weiter Plättchen.

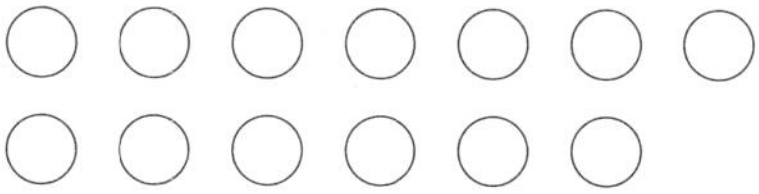

„Sorge dafür, dass in beiden Reihen gleich viele Plättchen liegen:"

Das Kind

- ❑ nimmt das zusätzliche Plättchen weg
- ❑ fügt das fehlende Plättchen hinzu
- ❑ ________________________________
- ❑ findet keine Lösung

4.3. Anweisung

Legen Sie wieder Sie zwei Mengen mit der gleichen Anzahl von Plättchen vor das Kind. Anschließend legen Sie in einer Reihe zwei weitere Plättchen dazu, ohne dass das Kind das beobachten kann:

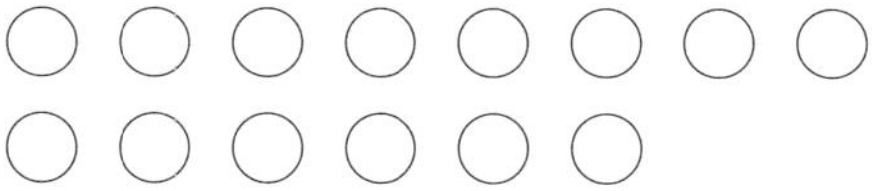

Fragen Sie das Kind nun:

„In welcher Reihe sind mehr Plättchen und wie viele mehr sind es?"

Antwort:

- ❑ oben mehr
- ❑ unten mehr
- ❑ gleich viel
- ❑ ________________________________

Es sind __________ mehr.

4.4. Anweisung

Legen Sie wieder folgende zwei Plättchenmengen:

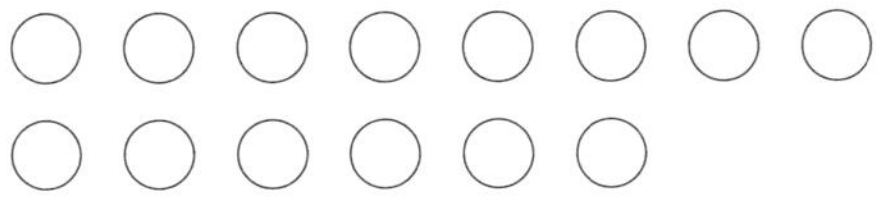

Bitten Sie das Kind nun:

„Mache, dass in einer Reihe ein Plättchen mehr liegt!"

Das Kind

❑ nimmt ein Plättchen der größeren Menge weg

❑ legt in der kleineren Menge ein Plättchen dazu

❑ legt ein Plättchen der größeren Menge in die kleinere

❑ ________________________________

❑ findet keine Lösung

5. *Invarianz*

5.1. Anweisung

Legen Sie zwei Reihen mit gleich vielen Plättchen unterschiedlicher Größe unter den Augen des Kindes einander gegenüber und stellen Sie fest, ob dem Kind bewusst ist, dass beide Mengen gleich viele Elemente besitzen:

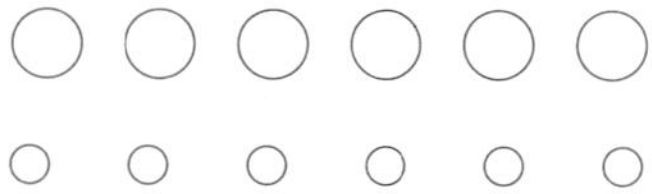

„In welcher Reihe sind mehr oder weniger Plättchen oder sind es gleich viel?"

Antwort:
- ❑ oben mehr
- ❑ oben weniger
- ❑ unten mehr
- ❑ unten weniger
- ❑ gleich viele
- ❑ ______________________

5.2. Anweisung

Legen Sie zwei Reihen mit gleich vielen Plättchen gleicher Größe unter den Augen des Kindes einander gegenüber und stellen Sie fest, ob dem Kind bewusst ist, dass beide Mengen gleich viele Elemente besitzen:

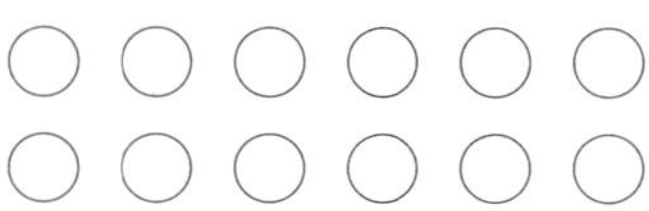

„In welcher Reihe sind mehr oder weniger Plättchen oder sind es gleich viel?"

Antwort:
- ❑ oben mehr
- ❑ oben weniger

- ❑ unten mehr
- ❑ unten weniger
- ❑ gleich viele
- ❑ ______________________

5.3. Anweisung

Legen Sie nun eine der beiden Reihen dichter zusammen oder weiter auseinander. Versteht das Kind, dass immer noch in beiden Reihen gleich viele Objekte sind? Kann das Kind von der räumlichen Anordnung der Elemente absehen und sich nur auf die Anzahlen konzentrieren?

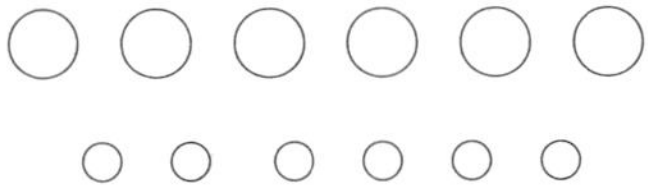

„In welcher Reihe sind mehr oder weniger Plättchen oder sind es gleich viel?"

Antwort:

- ❑ oben mehr
- ❑ oben weniger
- ❑ unten mehr
- ❑ unten weniger
- ❑ gleich viele
- ❑ ______________________

6. *Eins-zu-Eins-Zuordnung*

6.1 Anweisung

Untersuchen Sie nun, ob das Kind in der Lage ist, selbstständig eine Eins-zu-Eins-Zuordnung vorzunehmen:

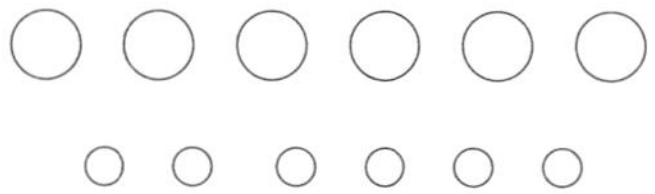

„Kannst Du mir zeigen, dass in beiden Reihen gleich viele Plättchen sind?"

- ❑ Eins-zu-Eins-Zuordnung gelingt
- ❑ Eins-zu-Eins-Zuordnung gelingt nicht

(Skizze):

7. *Zahlwissen*

In den folgenden Tests werden die Zahlkenntnisse eines Kindes erfasst.

7.1.

„Zähle bitte bis 10!"

Angegebene Zahlen: ______________________________

Zusätzliche Bemerkungen: ___________________________

7.2.

„Zähle bitte von 10 bis 1 rückwärts!"

Angegebene Zahlen: ______________________________

Zusätzliche Bemerkungen: __________________________

7.3. Anweisung

Untersuchen Sie nun, ob das Kind über die Fähigkeit des simultanen Erfassens verfügt. Dies geschieht, indem Sie dem Kind eine Anzahl ihrer Finger zeigen und fragen:

„Wie viele Finger sind das?"

3 Finger
- ❑ wurden simultan erfasst
- ❑ mussten abgezählt werden

5 Finger
- ❑ wurden simultan erfasst
- ❑ mussten abgezählt werden

4 Finger
- ❑ wurden simultan erfasst
- ❑ mussten abgezählt werden

6 Finger (präsentiert als „5 und 1 Finger")
- ❑ wurden simultan erfasst
- ❑ mussten abgezählt werden ab 1
- ❑ mussten abgezählt werden ab 5

10 Finger
- ❑ wurden simultan erfasst
- ❑ mussten abgezählt werden ab 1
- ❑ mussten abgezählt werden ab 5

7.3. Anweisung

Untersuchen Sie nun, ob das Kind im Zahlenraum bis zehn konkrete Anzahlen zu akustisch vorgegebenen Zahlnamen zuordnen kann.

„Zeige mir bitte . . . Finger?“

3
- ❑ gezeigte Anzahl: ____________________
- ❑ direkt gezeigt
- ❑ Finger nacheinander aufgeklappt
- ❑ Finger an zwei Händen aufgezeigt

5
- ❑ gezeigte Anzahl: ____________________
- ❑ direkt gezeigt
- ❑ Finger nacheinander aufgeklappt
- ❑ Finger an zwei Händen aufgezeigt

4
- ❑ gezeigte Anzahl: ____________________
- ❑ direkt gezeigt
- ❑ Finger nacheinander aufgeklappt
- ❑ Finger an zwei Händen aufgezeigt

6
- ❑ gezeigte Anzahl: ____________________
- ❑ direkt gezeigt
- ❑ Finger nacheinander aufgeklappt
- ❑ Finger an zwei Händen aufgezeigt

10
- ❑ gezeigte Anzahl: ____________________
- ❑ direkt gezeigt
- ❑ Finger nacheinander aufgeklappt
- ❑ Finger an zwei Händen aufgezeigt

Auswertung

Die folgende Auswertung dient Erzieherinnen und Eltern als Leitlinien zur Förderung eines einzelnen Kindes. Aus den Ergebnissen können, wenn notwendig, entsprechende Fördermaßnahmen abgeleitet werden. Das Ziel einer Förderung sollte dabei die Erarbeitung des bisher Unverstandenen sein, damit das Kind die notwendigen Voraussetzungen erhält, dem weiteren mathematischen Lernprozess folgen zu können.

1. **Untersuchung der Fähigkeit zur Klassifikation**
   - ❑ Kind kann nach objektiven Kriterien klassifizieren
   - ❑ Farben werden erkannt
   - ❑ Formen werden erkannt
   - ❑ räumliche Ausdehnung wird erkannt

2. **Raumwahrnehmung**
   - ❑ räumliche Anordnung von Objekten gelingt
   - ❑ visuelle Figur-Grund-Wahrnehmung problemlos
   - ❑ auditive Figur-Grund-Wahrnehmung problemlos

3. **Seriation**
   - ❑ Reihenbildung von Gegenständen gelingt
   - ❑ Reihenbildung von Punktmengen gelingt

4. **Mengenvergleich**
   - ❑ Unterschied um Eins wurde erfasst
   - ❑ Gleichmächtigkeit konnte hergestellt werden
   - ❑ Unterschied um Zwei wurde erfasst

5. **Invarianz**
   - ❑ Gleichmächtigkeit der Mengen wurde nur bei gleicher Anordnung erfasst

6. **Eins-zu-Eins-Zuordnung**
   - ❑ Zuordnung kann nicht hergestellt werden

7. **Zahlwissen**
   - ❑ zählt stockend bis 10
   - ❑ kann nicht bis 10 zählen
   - ❑ kann nicht rückwärts zählen
   - ❑ simultanes Erfassen gelingt nicht
   - ❑ Zuordnung Zahlwort und Anzahl gelingt nicht
   - ❑ Zuordnung Zahlwort und Anzahl gelingt nur bis 5

4. Beobachtung, Diagnose, Dokumentation

Der mathematische Anfangsunterricht in der Schule setzt bei Kindern eine gewisse Basis bei der Entwicklung des Zahlbegriffes voraus. Schulanfänger kommen aber nicht mit gleichen, sondern mit einer Fülle unterschiedlicher Erfahrungen in die Schule. Um dem einzelnen Kind gerecht zu werden und jedes Kind optimal fördern zu können, ohne es zu unter- oder zu überfordern, ist es notwendig, die mathematischen Voraussetzungen frühzeitig zu diagnostizieren. Ausgehend von diesem Wissen kann so jedes Kind bereits im Vorschulalter stärker gefördert werden.

4.1 Tests zur Entwicklung des Zahlbegriffes

Osnabrücker Test zur Zahlenbegriffsentwicklung (OTZ)

Der Osnabrücker Test zur Zahlenbegriffsentwicklung (OTZ) wurde von Mitarbeitern der Fachgruppe Pädagogik an der Universität Utrecht erarbeitet und ist für Kinder im Alter von etwa 5 bis 7 ½ Jahren geeignet, also für Kinder im Kindergarten- und Vorschulalter sowie für Schulanfänger.
Mit Hilfe der Testversionen A oder B kann der Stand der Zahlbegriffsentwicklung für einzelne Kinder oder für eine Gruppe von Kindern ermittelt werden. Auf diese Weise können *Kinder herausgefunden werden, bei denen die Entwicklung des Zahlbegriffes relativ zu dem ihrer Altersgenossen verzögert ist.*
Eine wichtige Einsatzmöglichkeit des OTZ ist nebst der Ermittlung des individuellen Entwicklungsniveaus, das sich durch den Vergleich der Leistung dieses Kindes mit der einer Normgruppe von Kindern gleichen Alters bestimmen lässt auch die Möglichkeit des *Nachprüfens der Wirksamkeit von mathematischen Förderprogrammen.* Wird der Test vor und nach einem solchen Förderprogramm eingesetzt, so lässt sich ermitteln, wie sich die mathematische Kompetenz des Kindes verändert hat und wie sich der Zahlbegriff entwickelt hat.

Bei der Bearbeitung des Tests löst je ein Kind im Beisein eines Testers die Aufgaben anhand vorgelegter Bilder, mit Material oder verbal. Da die Ergebnisse halbstandardisiert sind, lässt sich für jedes Kind eine Einordnung seiner frühen mathematischen Kompetenz relativ zu der seiner Altersgenossen vornehmen, und es lässt sich feststellen, in welchen Bereichen gegebenenfalls besondere Stärken oder Defizite vorliegen.
Um die Entwicklung des frühen Zahlbegriffs von etwa fünf- bis etwa siebenjährigen Kindern umfassend darstellen zu können, erkannten die Autoren aus der Analyse früherer Studien, dass acht Komponenten des Wissens über numerische und nicht-numerische Quantitäten genügten, um diesen frühen Zahlbegriff zu begründen.
Es sind dies die folgenden acht Komponenten:

1. Vergleichen
2. Klassifizieren
3. Eins-zu-eins-Zuordnung
4. Nach Reihenfolgen ordnen
5. Zahlwörter gebrauchen
6. Strukturiertes Zählen
7. Resultatives Zählen
8. Allgemeines Zahlenwissen

Diese Komponenten sollen im Folgenden mit je einer Beispielaufgabe näher erläutert werden:

1. Vergleichen: Die Kinder sollen zeigen, dass sie den Gebrauch von Vergleichsbegriffen wie größer/kleiner, höher/tiefer oder die meisten/die wenigsten beherrschen, die Voraussetzung für die Bildung mathematischer Ordnungsbegriffe und -relationen sind. Dazu eine Beispielaufgabe:

„Hier siehst du Gebäude. Zeige auf das niedrigste Gebäude."

Das Kind muss die Kenntnis der Begriffe immer durch Zeigen nachweisen.

2. Klassifizieren: Hier sollen die Kinder zeigen, dass sie in der Lage sind, Gegenstände nach einer Merkmalsausprägung oder auch nach mehreren Merkmalsausprägungen (im Sinne von Übereinstimmungen oder Unterschieden) zu einer Klasse zusammenzufassen. Beispielaufgabe:

„Hier siehst du einen Apfel mit Stiel, ohne Blatt und mit einem Würmchen, das aus dem Apfel herauskommt. Zeige auf alle Äpfel, die genau gleich aussehen.“

3. Eins-zu-eins-Zuordnung: Die Eins-zu-eins-Zuordnung ist als Zuordnungsprinzip unentbehrlich für die Zahlbegriffsbildung. Hier wird die Einsicht des Kindes in die Eins-zu-eins-Zuordnung bei zwei Mengen von Gegenständen getestet. Durch die Eins-zu-eins-Zuordnung kann ein Vergleich der Mächtigkeit von Mengen zwischen verschiedenen Objekten auch ohne Zählen hergestellt werden. Beispielaufgabe:

[Das Kind hat fünfzehn Holzwürfel.]

Der Versuchsleiter fragt: *„Kannst du genauso viele Holzwürfel auf den Tisch legen wie hier gewürfelt wurde?“*

4. Nach Reihenfolgen ordnen: Es wird hier festgestellt, ob die Kinder in der Lage sind, eine korrekte oder inkorrekte Anordnung zu erkennen. Dabei werden folgende Begriffe benutzt: Von dick nach dünn, von eng nach breit, von hell nach dunkel, von hoch nach niedrig. Im Weiteren müssen die Kinder Reihenfolgen selber herstellen, indem sie Linien zeichnen. Beispiel zur Aufgabengruppe „nach Reihenfolge suchen“:

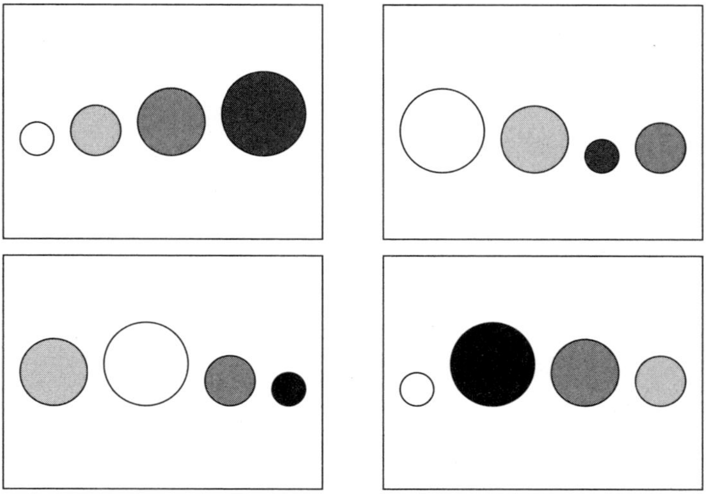

Die Anweisung zu dieser Beispielaufgabe lautet: *„Hier siehst du Kästen mit Murmeln. Zeige auf den Kasten, in dem die Murmeln von klein und hell nach groß und dunkel geordnet sind."*

5. Zahlwörter gebrauchen: Bei diesen Aufgaben geht es um den Gebrauch der Zahlwortreihe bis zwanzig, wobei die Kinder vorwärts zählen, rückwärts zählen und weiterzählen müssen. Es wird ferner überprüft, ob die Kinder die Kardinal- und Ordinalzahlen bis zwanzig korrekt verwenden können. Beispielaufgabe:

„Zähle bis vierzehn und überspringe jedes Mal eine Zahl: zwei, vier, sechs, . . ."

6. Strukturiertes Zählen: Für das korrekte Zählen ist es notwendig, die Eins-zu-Eins-Zuordnung zu beherrschen und zu wissen, dass die beim Abzählen zuletzt genannte Zahl die Mächtigkeit einer Menge angibt. Diese Aufgaben beziehen sich nun auf das Zählen von Gegenständen in geordneter und ungeordneter Anordnung mit Zeigen. Das Kind darf alle ihm zur Verfügung stehenden Hilfsmittel gebrauchen; insbesondere darf es die Würfel auch berühren und herumschieben. Beispielaufgabe:

[Der Versuchsleiter legt zwanzig Holzwürfel ungeordnet auf den Tisch.] *„Zähle diese Holzwürfel."*

7. Resultatives Zählen: Hier wird überprüft, ob die Kinder in der Lage sind, die Gesamtzahl von Objekten in strukturierten und unstrukturierten Mengen zu ermitteln, wobei zeigen, berühren und herumschieben der Holzwürfel bei dieser Aufgabe nicht erlaubt ist. Beispielaufgabe:

Der Versuchsleiter legt 19 Holzwürfel in einem Haufen auf den Tisch, mit etwas Abstand zwischen den Holzwürfeln und fragt: *„Wie viele Holzwürfel liegen hier?"*

8. Allgemeines Zahlenwissen: Diese Aufgaben beziehen sich auf die Anwendung von Zahlenwissen, wie sie im alltäglichen Leben vorkommen kann. Beispielaufgabe:

„Du hast neun Murmeln und verlierst drei davon. Wie viele sind übrig? Zeige mir das Bild mit der richtigen Anzahl von Murmeln."

Die acht Komponenten noch einmal im Einzelnen:

Aufgabe	**Beispiel**
Vergleichen	„Zeige auf den Mann, der dicker ist als dieser Mann."
Klassifizieren	„Zeige auf die Menschen, die eine Tasche, aber keine Brille tragen."
Eins-zu-Eins-Zuordnen	„Du hast eine Vier gewürfelt. Kannst Du die gleiche Anzahl Holzwürfel auf den Tisch legen?"
Nach Reihenfolge ordnen	„Hier siehst Du Kisten mit Äpfeln. Zeige auf die Kiste, in der die Äpfel von groß nach klein geordnet sind."
Zahlwörter benutzen	„Zeige auf die achtzehnte Blume."
Synchrones und verkürztes Zählen	„Zähle die Holzwürfel auf dem Tisch." (Das Kind darf beim Zählen auf die Würfel zeigen.)
Resultatives Zählen	„Zähle die Holzwürfel auf dem Tisch, ohne darauf zu zeigen."
Anwenden von Zahlenwissen	„Ein Bauer hat acht Hühner. Er kauft noch zwei Hühner. Wie viele Hühner hat der Bauer jetzt? Zeige auf den Kasten mit der richtigen Anzahl von Hühnern."

Zu jeder der oben genannten acht Komponenten des Osnabrücker Tests zur Zahlbegriffsentwicklung muss das Kind fünf Aufgaben bearbeiten. Die meisten Aufgaben werden dabei mündlich gestellt, wobei das Kind entweder in Bildern die richtige Lösung zeigt oder die Antwort verbal nennen soll.

Die Bearbeitungsdauer des Tests mit einem Kind beläuft sich auf etwa 25 Minuten, die Auswertung gestaltet sich ebenfalls recht einfach.

ZAREKI-K – Eine Kindergartenversion der Neuropsychologischen Testbatterie für Zahlenverarbeitung und Rechnen

Da die endgültige Version des Tests zum Zeitpunkt der Fertigstellung des Buches noch nicht vorlag, wird an dieser Stelle nur über die ersten Ergebnisse des Testes informiert.
Die ZAREKI-K basiert auf dem oben (vgl. Kapitel 2.4) bereits erwähnten „Triple-Code-Modell" von Dehaene und überprüft die verschiedenen inhaltlichen und kodierungsspezifischen Aspekte des Numerischen in verschiedenen Aufgabengruppen. Dazu wurden folgende Untertests zur Erfassung der mathematischen Vorläuferfähigkeiten entwickelt :

1. Zählen: Hier werden Aufgaben zum Vorwärts- und Rückwärtszählen, zum Zählen in Zweierschritten und zum Bestimmen des Vorgängers/Nachfolgers gestellt.
2. Abzählen von visuell dargebotenen Punktmengen: Hier soll das Kind mittels seines Wissens über die Eins-zu-Eins-Zuordnung und die Kardinalität die Anzahl verschiedener Mengen durch Berühren mit den Fingern ermitteln.
3. Textaufgaben: Bei diesen Aufgaben werden die Fähigkeiten verlangt, den Text der gestellten Aufgabe zu verstehen, das Problem in analoge Rechenoperationen umzusetzen und die Prozedur auszuführen.
4. Zahlen nachsprechen: Dieser Untertest, der eine hohe Anforderung an das akustische Kurzzeitgedächtnis stellt, besteht aus drei mal vier Folgen von drei- bis sechsstelligen Zahlworten, die das Kind wiedergeben soll.

5. Verändern von Mengen: Bei diesen Aufgaben soll das Kind durch Hinzufügen bzw. Wegnehmen die Gleichheit von zwei Punktmengen herstellen. Es werden je drei Additions- und Subtraktionsaufgaben im Zahlenraum bis sieben vorgelegt.
6. Mündliches Kopfrechnen: Mittels je sechs Additionen und Subtraktionen im Zahlenraum bis zwanzig wird bereits vorhandenes arithmetisches Faktenwissen abgefragt. Dabei variieren die Größe der eingesetzten Zahlen (von 1 bis 6), die Höhe der Endsumme (2 bis 11) sowie die Reihenfolge, in der die beiden Zahlen dargeboten werden (größere Zahl am Anfang oder Ende).
7. Anordnen von Zahlen auf einem Zahlenstrahl: Hier wird die Fähigkeit geprüft, angegebene Zahlen in eine räumliche Anordnung (Zahlenstrahl) zu transformieren.
8. Perzeptive Mengenverarbeitung: Hier werden den Kindern für rund eine Sekunde Punkte (4 bzw. 5) bzw. eine gewisse Anzahl gestreckter Finger (7 und 3) gezeigt. Die Aufgabe besteht darin, die gezeigte Menge exakt zu erfassen. In zwei weiteren Aufgaben werden Bilder mit einer größeren Anzahl von Mengen gezeigt, die nach fünf Sekunden Präsentationszeit erfasst werden sollen.
9. Zahlerhaltung: Bei diesen Aufgaben geht es um die Fähigkeit zu erkennen, dass eine Menge bei Veränderung ihrer räumlichen Anordnung erhalten bleibt.
10. Transkodieren: Bei diesen Aufgaben geht es darum, Zahlen zu lesen, zu schreiben und einer gegebenen Zahl eine korrespondierende Menge zuzuordnen.
11. Mengenbeurteilung kognitiv: Bei diesem Untertest wird geprüft, ob ein Kind in der Lage ist, den abstrakten numerischen Wert einer Zahl in Hinblick auf einen gegebenen situativen Kontext zu relativieren, z. B. „Sind drei Blätter an einem Baum wenig, normal oder viel?“.
12. Zahlenvergleich: Hier wird das Verständnis für die Größer abstrakter Zahlen abgefragt.

Erste Untersuchungen von Michael von Aster und seinen Mitarbeitern mit diesem Testinstrumentarium an 334 Vorschulkindern aus dem Kanton Zürich brachten folgende Ergebnisse:

- Die Unterschiede im Vorwissen variieren sehr stark: Viele Kinder haben bereits ein weit entwickeltes Zahlenwissen, während andere noch Probleme haben, korrekt bis zehn zu zählen. Hier könnte eine entsprechende Vorschuldidaktik helfen, diese Unterschiede auszugleichen.
- Das Wissensniveau der in der zweiten Jahreshälfte untersuchten Kinder überragte deutlich jenes von denen, die in der ersten Jahreshälfte getestet wurde. Nach von Aster deutet dies auf eine rapide Entwicklung numerischen Wissens während des Kindergartenjahres, das Jahr vor Schuleintritt kann als „sensible Periode" für die Entwicklung mathematischer Fähigkeiten bezeichnet werden.
- Bei dieser Entwicklung besteht ein markanter Unterschied zwischen Jungen und Mädchen. Bei den jüngeren Kindern zeigen noch die Mädchen bessere Leistungen, während bei den älteren Vorschulkindern die Jungen signifikant überlegen waren. Von Aster sieht die Gründe unter anderem in dem stärker wettbewerbsorientierten Spiel der Jungen. Um ein sich frühzeitig herausbildendes ungünstiges Selbstkonzept der Mädchen zu vermeiden, sollte eine entsprechende Vorschuldidaktik an dieser Stelle ansetzen.

Der Nachteil dieser Tests ist es aber, dass sie nur das Problem feststellen und keine weiteren Informationen zur Förderung der Kinder in den Problembereichen liefern. Daher laufen zurzeit auch in Deutschland Entwicklungen von Diagnoseinstrumentarien, die anhand der Auswertung der Testergebnisse einen Befund zur Förderung erstellen können.

4.2 Trainingsprogramme

Trainingsprogramm zur Entwicklung des Zahlbegriffes

Von Van de Rijt und Van Luit wurde im Jahr 1998 das Trainingsprogramm „Additional Early Mathematics" (AEM) entwickelt. Dieses Programm enthält Aufgaben aus dem Alltagskontext und soll zwei Mal in der Woche je 30 Minuten lang durchgeführt werden. Ziel des Programms ist es, die Zahlbegriffsentwicklung von so genannten „Risikokindern" erfolgreich zu fördern.
Leider liegt das Programm bisher noch nicht in deutscher Sprache vor.

Training mathematischer Grundfertigkeiten für Vorschule und Schuleingangsphase (Dr. Gerhild Merdian)

Hierbei handelt es sich um Bildmaterial zum Training mathematischer Vorläuferfähigkeiten in der Vorschule, der Grundschule und in therapeutischen Einrichtungen, das an Eltern, Erzieherinnen, Ergotherapeuten, Lehrer und Psychologen gerichtet ist.
Ziel des Einsatzes der Materialien ist ein zielgerichtetes Training pränumerischer Fähigkeiten durch die Arbeit im Bereich der Wahrnehmung, der mathematischen Konzeptbildung und weiterer kognitiver Operationen. Bei dem Material handelt es sich um farbige Kärtchen, die so entwickelt wurden, dass die meisten Aufgaben taktil und/oder visuell bearbeitet werden können.
Der Test, der zu einem Preis von 39 Euro bei www.paepsy-verlag.de erhältlich ist, ist in vier Unterteile gegliedert und sowohl als Vorschul- als auch als Grundschulversion erhältlich. Die einzelnen Teile beschäftigen sich im Einzelnen mit folgenden Themenschwerpunkten:

Teil 1: Klassifizieren, Sortieren, Vergleichen
Teil 2: Mathematische Konzepte
Teil 3: Räumliches Denken
Teil 4: Mengen und Zahlen

Beispielaufgaben für den zweiten Teil:
Was liegt links oben?
Was liegt genau in der Mitte?
Was liegt rechts neben dem gelben Viereck?
Was liegt zwischen dem gelben Dreieck und dem blauen Viereck?
Was liegt unter dem roten Dreieck?
Was liegt in der mittleren Reihe ganz links?

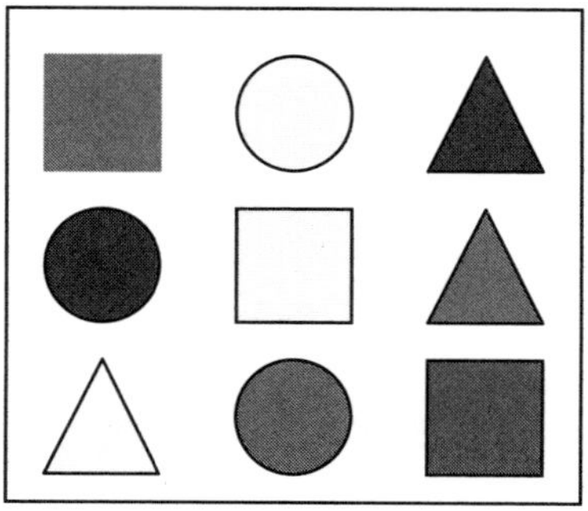

Das Programm „Mengen, zählen, Zahlen" (MZZ)

Da bisher für den Bereich der mathematischen Früherziehung – im Gegensatz zur Förderung des Schriftspracherwerbs – kaum Daten über die spielerische Förderung mathematischer Fähigkeiten vorliegen, legt Kristin Krajewski in ihrem Programm die Ergebnisse einer Langzeitstudie zugrunde, die sie über vier Jahre hinweg an Kindern von Beginn der Vorschulzeit bis zum Ende der Grundschulzeit durchführte. Dabei identifizierte sie die mathematischen Vorläuferfähigkeiten, die aufgrund der Testergebnisse als ausschlaggebend für den Schulerfolg im mathematischen Bereich angesehen werden können und entwickelte daraus einen Ansatz zum Training.
Das Würzburger Trainingsprogramm „Mengen, zählen, Zahlen" zur vorschulischen Förderung der Mengenbewusstheit von Zahlen und Zahlrelationen sieht als zentrales Darstellungsmittel des Programms die Zahlentreppe:

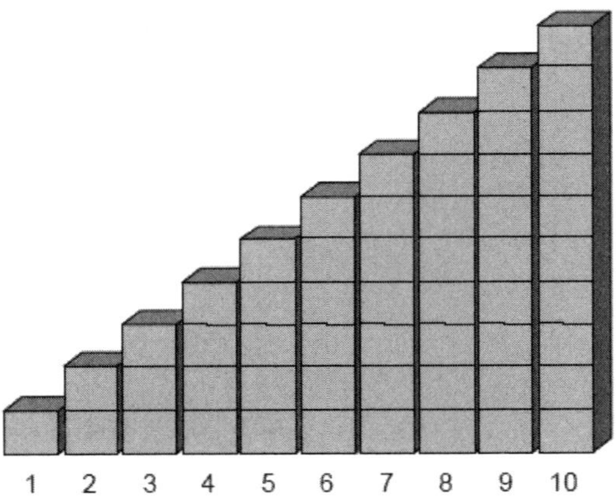

Dieses Modell dient, nach Krajewski, nicht nur zur Vermittlung des präzisen Anzahlkonzeptes und zur anschaulichen Darstellung der Zahlzerlegung und der Zahldifferenz, sondern macht auch die quantitative Struktur der Zahlenfolge greifbar.
Das Programm wird in täglichen Übungen über einen Zeitraum von zehn Wochen von den Erzieherinnen durchgeführt. Im zugehörigen Manual findet sich eine detaillierte Beschreibung der Übungen, der jeweils das Ziel der Sitzung und Leitfragen für die Erzieherin vorangestellt sind.

Die Sitzungen bauen zudem systematisch von der Einübung der Basisfertigkeiten bis zur Vermittlung der Zahlenstruktur konzeptuelles Wissen auf.
Die Kinder lernen dabei
- zunächst den Mengenvergleich durch Eins-zu-Eins-Zuordnung der Elemente und festigen ihre Zählfertigkeiten,
- durch Übungen die arabischen Ziffern mit dem präzisen Anzahlkonzept kennen,
- schließlich das Zunahme-um-Eins-Prinzip kennen, also dass von einer Zahl zur nächsten immer genau eins dazukommt,
- und dass sich Zahlen aus kleineren Zahlen zusammensetzen lassen.

Eine Pilotstudie, die bereits kurzfristige Effekte des MZZ-Trainings auf die Vorläuferfertigkeiten nachgewiesen hat, ist noch nicht abgeschlossen. Die Überprüfung langfristiger Effekte des Trainings auf die *schulischen* Mathematikleistungen steht unmittelbar bevor.

ENRP – Early Numeracy Research Project

Das australische ENRP erhebt die mathematischen Kompetenzen von Vor- und Grundschulkindern und dokumentiert ihre Entwicklung. Auch dieses Programm liegt bisher nicht in deutscher Sprache vor, wird aber zur Zeit von Andrea Peter-Koop und Mitarbeitern der Uni Kassel überarbeitet und voraussichtlich zu Beginn des nächsten Jahres beim Friedrich Verlag erscheinen.

Das ENR erhebt Kompetenzen in den mathematischen Bereichen:

1. Zählen
2. Stellenwerte
3. Strategien bei Addition und Subtraktion
4. Strategien bei Multiplikation und Division

} Arithmetik

5. Zeit 6. Längen 7. Massen/Gewichte	Größen
8. Eigenschaften ebener Figuren 9. Visualisieren und Orientieren	Geometrie

Weitere förderdiagnostische Maßnahmen finden Sie unter anderem bei Meike Grüßing & Andrea Peter-Koop: Die Entwicklung mathematischen Denkens in Kindergarten und Grundschule, Mildenberger Verlag, ISBN 3-619-01483-3.

Spielangebote und Aktionen im Überblick

Fett gedruckte Seitenzahlen verweisen auf die zugehörige Kopiervorlage.

Sachregister